ポピュラーカルチャーの詩学

Poetics of Popular Culture

日本語の文字に秘められたマルチモダリティ
The Hidden Multimodality in Japanese Characters

松田　結貴 著
Yuki Matsuda

風間書房

目　　次

序章　ビジュアル・カルチャーと日本語……………………………………1

第1章　ポピュラーカルチャーの詩学……………………………………7
　1.1.　世界に広がる日本のポピュラーカルチャー…………………………7
　　1.1.1.　ポピュラーカルチャーの日本語………………………………7
　　1.1.2.　社会と言葉を変えるポピュラーカルチャーの表現……………8
　1.2.　複数の文字体系を持つ日本語…………………………………11
　　1.2.1.　カタカナとひらがなの対峙性…………………………………11
　　1.2.2.　複数の文字体系を持つ意義……………………………………13
　1.3.　ビジュアル情報の優位性……………………………………15
　　1.3.1.　絵文字の開発…………………………………………………15
　　1.3.2.　文字が表現する「ヴォイス」とメラビアンの法則…………18
　　1.3.3.　NHK をやさしく………………………………………………21
　1.4.　本書の理論的背景……………………………………………23
　　1.4.1.　マルチモーダル・コミュニケーション………………………23
　　1.4.2.　世界一難解な書記コミュニケーションの習得………………25
　　1.4.3.　表記規範の変化…………………………………………………26
　　1.4.4.　縦書き・横書きとその混用……………………………………29

第2章　複数の文字体系を持つ日本語……………………………………33
　2.1.　日本語の文字化……………………………………………………33
　　2.1.1.　日本国憲法の表記に関する「大事件」………………………33
　　2.1.2.　ひらがな文とビジュアル・カルチャーの起源………………35

2.1.3. ひらがなと虚構の物語……………………………………38

2.1.4. 時代のポピュラーカルチャー『竹取物語』………………40

2.1.5. 漢文訓読から生まれたカタカナ………………………………41

2.1.6. 和文・漢文・和漢混淆文………………………………………43

2.2. 外来語の表記………………………………………………………46

2.2.1. 日本語のローマ字綴り……………………………………………46

2.2.2. ローマ字綴りのキリシタン文献………………………………47

2.2.3. 外来語のカタカナ表記……………………………………………48

2.2.4. 文字のビジュアルな表現力………………………………………52

第3章 文字のマルチモダリティ………………………………………55

3.1. 文字表記の「意味」………………………………………………55

3.1.1. 文字種の「イメージ」……………………………………………55

3.1.2. メイナード（2008）………………………………………………58

3.1.2.1. バーバル記号とビジュアル記号の「相乗効果」…………58

3.1.2.2. 活字イメージと「楽しさ」の表現………………………59

3.1.2.3. 夢を与えるローマ字………………………………………60

3.1.3. 縦書きのローマ字表記……………………………………………62

3.2. イメージとしての文字……………………………………………63

3.2.1. マルチモダリティ理論　Kress & van Leeuwen（2001），
Kress（2010）……………………………………………………63

3.2.2. ビジュアルな文字の意味…………………………………………65

3.3. マルチモーダル・コミュニケーションと意味の一貫性……………67

3.3.1. デザインとしての書体……………………………………………67

3.3.2. ひらがなが喚起する「やさしい」イメージ……………………69

3.3.3. 主体の意図とコミュニケーションの目的………………………73

3.3.4. コミュニケーションの修辞学的なアプローチ…………………74

目　次　iii

3.4.　文字が表出するヴォイスの多重性……………………………76
　3.4.1.　「キャラクター・スピーク」…………………………76
　3.4.2.　「役割語」とキャラクターのヴォイス………………81
　3.4.3.　文字表記と「役割語」…………………………………82

第4章　ルビ表現の詩学……………………………………………85
4.1.　なぜルビを使うのか………………………………………………85
4.2.　「表現」としての振仮名の誕生…………………………………88
4.3.　「ポリフォニー」としてのルビ表現……………………………89
4.4.　情報伝達としてのルビ、詩的表現としてのルビ………………95
　4.4.1.　「やさしいニュース」とルビ表現……………………95
　4.4.2.　文芸作品に見られるルビ表現…………………………96

第5章　ストーリー・マンガの詩学……………………………101
5.1.　ストーリー・マンガ………………………………………………101
　5.1.1.　戦後のビジュアル・カルチャー………………………101
　5.1.2.　ビジュアル記号としての文字…………………………103
　5.1.3.　絵記号としてのオノマトペ……………………………104
　5.1.4.　マンガの創作漢字………………………………………106
　5.1.5.　漢字語で表現するパラレルワールド…………………108
　5.1.6.　カタカナ・ローマ字で表現する武士道………………112
　5.1.7.　スポーツマンガの漢字…………………………………113
5.2.　マンガ表現としてのルビ…………………………………………119
　5.2.1.　指示代名詞と多重のヴォイス…………………………119
　5.2.2.　多重のヴォイスの「ポリフォニー」…………………121

iv

第6章　ポピュラーソングの文字 ……………………………………127

6.1. 文字のマルチモダリティ ………………………………………127

6.1.1. 日本のポピュラーソングとジャンル ……………………127

6.1.2. 卒業ソングの活字イメージ ………………………………128

6.2. Picture Poems（視覚詩）………………………………………137

6.2.1. ファンが創る「リリックビデオ」………………………137

6.2.2. ローマ字で詠む短歌 ………………………………………139

6.3. 4種の文字の混用文 ………………………………………………142

6.3.1. コードスイッチングとコードの曖昧化 ………………142

6.3.2. コードの「間ジャンル性」………………………………145

6.4. グローバルな和語のヴォイス …………………………………147

6.4.1. J-POPのタイトルの推移 ………………………………147

6.4.2. クールジャパンと和語 …………………………………149

第7章　マルチモーダル・コミュニケーション能力と言語教育 153

7.1. マルチモーダル・コミュニケーション能力 ………………………153

7.1.1. 日本語リテラシーの習得 …………………………………153

7.1.2. 状況的学習 …………………………………………………154

7.1.3. Social Networking Approach …………………………155

7.1.4. 「本物」の目的を持ったマルチモーダル・コミュニケーション ……………………………………………………………156

7.1.5. コミュニケーションの「再デザイン」…………………158

7.1.6. 国語科でのメディア・リテラシー教育実践 …………161

7.1.7. ポピュラーカルチャーを日本語教育へ ………………162

7.2. 動画プロジェクト …………………………………………………166

7.2.1. プロジェクトの概略 ………………………………………166

7.2.2. 奈良市観光動画のテキスト分析 ………………………167

目　　次　　v

7.2.3.	動画の解釈と評価活動	170
7.2.4.	再デザイン活動	174
7.2.5.	動画制作のためのストーリーボード	176
7.2.6.	文字表記に見る地元 PR 動画の表現	179
7.2.7.	動画プロジェクトの評価	181
7.2.8.	まとめと今後の課題	183

終章　文字とは何か……………………………………………………………187

参考文献……………………………………………………………………………193
あとがき……………………………………………………………………………201
人名索引……………………………………………………………………………203
事項索引……………………………………………………………………………205

序章　ビジュアル・カルチャーと日本語

　日本のポピュラーカルチャーの人気は今や世界中に広がり、マンガや流行歌の文化論、社会学、芸術論、メディア論などの研究も盛んになってきた。これらの研究は「ビジュアル・カルチャー・スタディーズ（Walker & Chaplin 1997）」という融合的な研究の一部として、ポピュラーカルチャーのビジュアル性を社会・文化など多様な視点から分析している。一方、そのビジュアル・カルチャー・スタディーズの研究成果を、言語、特に文字表記の分析に結びつける試みはまだ非常に少ない。現在、世界中の若者が日本のポピュラーカルチャーに魅力を感じ、日本語学習に取り組む中、日本語の言葉と文字が、ポピュラーカルチャーの意味構築にどのような役割を果たしているのかを分析する研究は、日本語の本質を探求するためにも非常に重要だと言える。また社会学や、文化人類学、美学、演劇、芸術学、メディア研究などからの知見を言語と重ねて観察することで、今まで隠れていたものが明らかになる。このような観点から、本書はポピュラーカルチャーの表現として使用される日本語の文字に焦点をあて、そのマルチモーダルな意味を分析する。

　平安時代の源氏物語絵巻をはじめ、江戸時代に出現した判じ絵、書、そしてデジタル時代の絵文字など、日本語は古くから文字とビジュアルイメージを融合させたテキストを娯楽やコミュニケーションに使用してきた[1]。また、平安時代の仮名文学をはじめ、それぞれの時代の「ポピュラーカルチャー」は、時の社会勢力の下、政治や学術的な権威の影に潜み、その自由な表現力で社会や文化、そして言語を変える原動力となってきた。

---

[1]　本書を通じて「テキスト」は、大辞林第3版の定義に基づき「文より上のレベルの言語的構成体」で「形式的あるいは意味的につながりがあり、特定のコミュニケーション機能をもつ文の集合」をいう。ただし、一つの文だけでもテキストという。

グローバル化が急速にすすむ21世紀の現在、日本語は多文化・多言語と、かつてないスピードで接触交流し、現代の若者はそんなグローバルな時代に、自分たちのアイデンティティを表現するための新しい言語と文化を探し求めている。たとえば、現代のJ-POPは英語のみのタイトルが普通になり、歌詞も日本語と英語の混用が多くみられる。また、一昔前の歌謡曲は、欧米語をカタカナ表記にする場合が多かったが、現在のJ-POPは原語の文字で表記されたタイトルやフレーズを、漢字、ひらがな、カタカナと混用して使用するスタイルが、特に若いアーティストを中心に多く見られるようになった。バイリンガルのアーティストも増え、その結果、英語表現も以前の和製英語的なものだけではなく、欧米的な視点に基づいた表現が増え、多様な視点を表現できるようになった。

このように、社会規制の少ないポピュラーカルチャーは、大衆に新しい表現を自由に創造する場を与える。そして、日本語の文字は、その創造的表現に大きな役割を果たしてきたのだ。かつて国語学者の山田孝雄はこう論じた。

「文字は思想、観念の視覚的、形象的の記号である」

「文字は思想、観念の記号として一面、言語を代表する」

「文字は社会共通の約束によつて成立し、又その約束によつて生命を保つものである」（2009: 36）[2]。

日本語の文字には、日本文化独自の情感や概念がビジュアル情報として織り込まれている。たとえば、日本では卒業シーズンに「桜」のイメージや切ない気持ちを感じさせるポピュラー・ソングが流れ、季節の移ろいに敏感な日本独特の文化を表現しているが、このジャンルの歌のキーワードである「桜」も、「さくら」「サクラ」「SAKURA」「櫻」と、表記を変えることで、それぞれ違った意味や情感を表現することができる。これは、絵画を見たり

2　筆者が引用する2009年版『日本文字の歴史』（山田国語学入門選書③書肆心水刊）の底本は、山田孝雄の『國語史　文字篇』（1937年8月12日発行、刀江書院刊）である。

音楽を聞いたりすると、過去の経験からさまざまな情景や感情がメンタルイメージとして湧き上がってくることがあるように、言葉を具象化する文字からも、さまざまなイメージが湧き上がるからだ。もし文字が単に話し言葉を文字化するための記号であれば1種でいいはずだ。確かに、世界中の言語のほとんどが、1種の文字を使用する。そういった意味で日本語は、他の言語と全く違う選択をし、複数の文字体系を育みながら、現在に至ったと言える。日本語が複数の文字体系を持っているからこそ、表記のビジュアル面による意味の違いが前景化され、他の言語からは見えにくい文字の表現力が明らかになるのではないだろうか。

　従来、このような言葉と文字のビジュアル性は、言語が持つ恣意性だとされ、言語学の研究対象としては相応しくないと切り捨てられる傾向にあった。本書は、そのような考え方を否定し、コミュニケーションは本質的にマルチモーダルなものだと主張する社会記号論を援用することで、日本語の文字のマルチモーダルな意味を理論的な枠組みで分析できると主張する。そして、人間が創ったアーティファクトである文字の表現力を、自由な創造性を発揮するポピュラーカルチャーの表現を通じて分析することで、日本のビジュアル・カルチャー、そして日本語・日本語文字の本質が明らかになると考える。

　現在、多文化・多言語を理解し、将来的に日本国内外で活躍できる「グローバル人材」育成の必要性が高まってきている。日本の政府やメディアが入管法改正案などの件で「外国人材」と呼んでいるのは、日本国内で就労する外国人のみを指すが、本書が想定する「グローバル人材」は、日本国内だけではなく、広く世界で日本語を使用して活躍する人材、もしくは日本語や日本文化を継承する人材を指す。現在、日本語を外国語として学習するグローバル人材の育成の大きな課題として、世界一難解な文字表記を持つ日本語の、より効果的な教育法の研究と実践が挙げられる。本書は、そんなニーズにも応えた研究であると信じる。外国語として日本語を習得するうえで、特に多くの漢字を覚えることが学習者にとってはハードルになるが、漢字を使用す

4

る意義もわからないままクイズや試験のために丸暗記し、その後、自分では使わないのですぐ忘れてしまうというケースが多い。また、現在の日本語では外来語を表記する際に使用されるカタカナも、原語と全く違う音韻体系の日本語の文字で表記するので、グローバル人材のみならず、日本人にとっても漢字以上に難解になる場合も多い。このような課題をかかえた日本語教育の現場にも役立つように、本書では、海外の若者に馴染みのあるポピュラーカルチャーの作品をデータとして選び分析した。学習者の過去のメディア経験を日本語教育に導入することで、学習者の日本語習得を促進することができると考えたからだ。マンガや、ビデオゲーム、ポピュラーミュージックなどのメディアに見られる日本語の文字の、ビジュアルな表現を分析する研究は、現在のところ、あまり見られない。そういった意味で、本書は広くグローバル人材教育、日本語の文字研究、日本語学、記号論、およびビジュアル・カルチャーの研究に関わる人たち、そして何より日本語の母語話者に、日本語の文字に秘められたマルチモーダルな表現力を、再発見してもらう目的で執筆した。

　本書の構成は次の通りである。まず第1章では、日本語の文字のビジュアルな表現力について考察し、文字の意味をマルチモーダルなコミュニケーションのコンテクストで分析する必要性があると主張する。また、ビジュアル情報が豊富な日本語の表記体系を習得するには、文字をマルチモーダル・コミュニケーションの表現リソースとして捉える必要があると論じる。

　第2章では、現代の日本語話者が共有している文字のビジュアルイメージのルーツを探るため、先行研究を基に日本語の文字の歴史的経緯を振り返る。5世紀頃に古代中国語の文字に出会った日本語は、その後、長い歴史を通してそれぞれの時代のニーズに基づき、独自の表記体系を創り上げてきた。また、日本語の文字はその成立期から常に外国語との接触で変化を遂げてきた。そんな文字の歴史を、当時の人たちの視点に立って考察する。

　第3章では、日本語の文字を、マルチモダリティ理論の枠組みで分析する。

そして、文字をバーバル記号にビジュアルな要素が付加したハイブリッドな記号として分析する。また本分析に不可欠なBakhtinの「多重のヴォイス」という概念を、メイナード（2008）と金水（2003）の研究を中心に検討する。

第4章では、第3章の文字の分析を基に、日本語の表記体系の成立に大きな役割を果たしてきたルビの機能について検討し、Bakhtinの「多重のヴォイス」および「ポリフォニー」という概念を使用して分析する。また、文芸作品などの中でのルビ表現が、作品の重要な表現の一部であることを実例を挙げて指摘する。

第5章では、少年少女マンガから物語性が高い人気作品を取り上げ、戦闘系マンガなどに見られる漢字語の機能について検討する。また、規範から外れた文字操作や、多重のヴォイスを創出するルビ構造が、キャラクター描写や作品の世界設定に果たす役割を考察する。

第6章では、卒業ソングなど季節に関するポピュラーソングを和歌と同じく「もののあわれ」という日本の文化的概念を通して分析し、歌詞の文字表記との相関関係を考察する。また海外のJ-POPファンが制作するローマ字表記の「リリックビデオ」（Lyric Video）をデータに使用し、ローマ字表記の歌詞の韻律がビジュアルに表現されることを示す。さらに、近年のJ-POPやJ-ROCKに見られる日本語と英語の混用（コードスイッチング）現象について考察し、グローバルに人やモノが行き来する時代の日本語の文字表記について考察する。

第7章では、コミュニケーションのマルチモダリティを提唱する社会記号論を援用した本書の文字の分析が、グローバル人材育成の現場の日本語教育にどのように応用できるかを、當作（2013）のソーシャル・ネットワーキング・アプローチ（SNA）を基にしたケーススタディを通して考察する。

第1章　ポピュラーカルチャーの詩学

1.1.　世界に広がる日本のポピュラーカルチャー

1.1.1.　ポピュラーカルチャーの日本語

　マンガやアニメをはじめとする、日本のポピュラーカルチャーは世界的な人気を誇り、日本語の学習動機にもなっている。特に日本のアニメやゲーム、マンガは欧米の若者文化に浸透し、欧米語をはじめとする多くの言語に翻訳されている。アメリカでは毎年11月末の感謝祭にニューヨークでパレードが執り行われるが、ブロードウェイを悟空やピカチュウなど、日本のマンガやアニメのキャラクターのフロートが、いくつも行進するのが恒例だ。また全米各地では、「アニメコン」などの日本のポピュラーカルチャーのファンが集うイベントが日常的に開催されている。

　国際交流基金が実施した2012年度の海外における日本語教育機関調査の結果によると、世界の日本語学習者の主な学習目的は「日本語そのものへの興味（62.6%）」の割合が最も高く、ついで「日本語でのコミュニケーション（55.5%）」「アニメ・マンガ・Jポップが好きだから（54%）」と続く[1]。注目すべきは、「日本語や日本のポピュラーカルチャーについて知りたい、日本語でのコミュニケーションを楽しみたい」という学習目的が「将来の就職に役立てたい（42.3%）」などの実利的な目的を上まっている点である。国際交流基金は、この結果を「日本のポップカルチャーが世界的に浸透し、日本・

---

[1]　出典『2012年度　日本語教育機関調査　結果概要　抜粋』p.4 国際交流基金
https://www.jpf.go.jp/j/project/japanese/survey/result/dl/survey_2012/2012_s_excerpt_j.pdf（最終アクセス　2018.8.14）

日本語への興味・関心の入り口となってきている」ことが要因だとしている。

このような動向の中、近年、ポピュラーカルチャーを言語学の立場から分析する研究が出てきた。特にメイナード（2000, 2008, 2012, 2017）はライトノベルやケータイ小説、テレビドラマ、少女マンガなどのポピュラーカルチャーをデータとして分析している。また金水（2003, 2007）の「役割語」研究は、日本のポピュラーカルチャーで観察される言語表現とビジュアルイメージやその属性との相関関係を分析している。日本語教育においても、ポピュラーカルチャーをコンテンツにしてコミュニケーション能力を促進させようとする教育のアプローチが増えてきた（熊野 2011, 熊野・川嶋 2011）。ポピュラーカルチャーの文字表記に関しては、流行歌のコードスイッチングに関する研究（Stanlaw 2000, 2004, Moody 2006）や、ライトノベルにおける文字操作と表記のバリエーションの研究（メイナード 2012）などが挙げられる。

文字表記のバリエーションとは、たとえば通常、漢字で表記される内容語「侍」が、コミュニケーションの目的によって「さむらい」「サムライ」「SAMURAI」など、別の文字体系で表記されるような現象を指す。このようなバリエーションは、例外的で規範から外れたものとして、言語の体系的な分析からは切り離される傾向にあったが、本書では、これらは日本語の文字に秘められたビジュアル記号の機能が成せる表現であり、ポストモダンを象徴するビジュアル・カルチャーの表現として体系的かつ理論的な分析が可能だと論じる。

1.1.2. 社会と言葉を変えるポピュラーカルチャーの表現

ここで、まず本書のタイトル「ポピュラーカルチャーの詩学」の「詩学」が意図する概念を説明する。「詩学」は、プラーグ学派の言語学者 Roman Jakobson（ロマン・ヤコブソン）の論説「言語学と詩学（Linguistics and Poetics）」のタイトルからの引用である（Jakobson 1960）。1958 年にアメリカのインディアナ大学で開催された文体学会（the Conference on Style）の閉会の辞

として、Jakobson は、言語コミュニケーションの6つの機能を講説した。その6つの機能とは、「情動的（emotive）」「動能的（conative）」「言及的（referential）」「交話的（phatic）」「メタ言語的（metalingual）」、そして「詩的（poetic）」機能である。Jakobson の提唱する詩的機能は、いわゆる狭義の詩の修辞法を指すのではなく、コミュニケーションの主体がメッセージの伝え方をデザインすることで、受け手に審美的かつ情意的な解釈をもたらす表現に焦点を当てた機能である（池上 1984: 194-198）。この機能は、江戸時代の国学者、本居宣長の論説に見られる「もののあわれ」や、美学、そしてメイナード（2000: 2）が引用している古代ギリシャの哲学者、アリストテレスの三種のレトリックの一部「パトス」と重なる機能でもある[2]。ポピュラーカルチャーのメッセージは主に詩的機能が前景化されるが、本書は文字が表現する詩的機能をポピュラーカルチャーの具体例から提示していくので「ポピュラーカルチャーの詩学」というタイトルにした。

　日本のポピュラーカルチャーは、その多様な表現力で、従来子どものための娯楽文化を、大人も魅了する質にまで高めた。ポピュラーカルチャーは、主体（作家、制作者など）が、ある目的や意図を持ってオーディエンス（聴衆・読者を含めコミュニケーション活動におけるメッセージの受け手全般）の心に共鳴するメッセージを届ける創作活動である。いつの時代にも遊び心に満ちた若者や、新しい表現を追求する作家、アーティスト、そして既存の社会や文化に閉塞感を感じている大衆がいる。そんな人たちが、ポピュラーカルチャーの表現を通じて、社会を変えるメッセージや心に潜む声を創出してきた。ここで言う「表現」とは言語表現（linguistic representation）だけでなく、ビジュアル・イメージやサウンドなど、あらゆるモードの記号表現を指す（第3章参照）。

2　「もののあわれ」は、平安時代の文学およびそれを生んだ貴族生活の中心をなす理念。本居宣長が『源氏物語』を通して指摘。「もの」すなわち対象客観と、「あわれ」すなわち感情主観の一致する所に生ずる調和的情趣の世界。優美・繊細・沈静・観照の理念。（広辞苑　第7版　岩波書店）

歴史的に見て、「高尚」なハイカルチャーに対してポピュラーカルチャーは、社会から「軽く」見られる傾向にあるが、その立ち位置に身を置くがゆえに自由で型破りな表現も享受されてきた。現在でも、マンガなどに使用されるイメージや表現は「軽い」とみなされるが、その「軽い」ポピュラーカルチャーの表現法が、ビジネスや政府、地方自治体のPRに軽いタッチを導入するために利用される。こうして、「威圧的」であったお役所のコミュニケーションの方法が変わり、結果として社会も変わる。

また、マスメディアにもマンガの表現法が多用されるようになった。たとえば、NHKの『ブラタモリ』という番組は、日本や世界各地を紹介する紀行番組だが、司会者のタモリ氏が何かに気づくと、マンガのように電球マークが入った吹き出しが画面に映し出され、彼が疑問に思うと吹き出しに疑問符「？」が表示される。吹き出しに「ツッコミ」表現など別の視点の声が表現される場合もある。テレビの画面に映し出されるスーパーは、以前から字幕や天気図の表示などに使用されてきたが、近年は、レイアウトやワイプ、形態、色使いなど、ポピュラーカルチャーの表現から引用されたものが増え、ニュース番組や紀行番組のコンテンツに新たな意味を付加している。ニュース番組のための街角インタビューでも発話がビジュアル化され、字幕で発話のキーワードを強調したり、話者の性別や年齢層で文字の色を変えたりする手法も見られる。若い女性にはピンク、若い男性にはブルー、そして年配の人にはオレンジ色などと色別している番組もあり、視覚に訴えるデザインが増えた。日本のマスメディアは、欧米のものよりビジュアル情報が多いが、特に文字をビジュアルイメージとして提示する形態が顕著だと言える。

現代は、ポストモダンの時代だと言われ、従来のハイカルチャーとサブカルチャーの区別があいまいになってきた（メイナード 2017: 76）。たとえば、ハイカルチャーの象徴とも言える日本の伝統芸能の能楽は、2006年に、少女マンガ『ガラスの仮面』（美内すずえ 1976）の劇中劇『紅天女』をもとにした新作能を制作し、上演した。2016年にノーベル文学賞を受賞した日本生

まれの英国人作家、Kazuo Ishiguro 氏も、自身の文学をマンガやコミックなどのグラフィック・ノベルで表現したいと語っている。また、宮崎駿の代表作でマンガからアニメ映画になり、世界的な人気を博した『風の谷のナウシカ』が 2019 年には新作歌舞伎として上映されることが決まっている。これらは、虚構の世界と現実の融合、そしてポピュラーカルチャーとハイカルチャーが融合するポストモダンを象徴する例だと言える。

　また、上でも述べたが、政府や地方自治体の PR などにもポストモダンの影響がはっきりと見られる。特に近年の「ゆるキャラ」を使用した地方自治体の PR はその代表的な例で、ポピュラーカルチャーの表現を駆使して市民に親しみを持ってもらおうという試みだ。サンリオの人気キャラクターであるハローキティに至っては、ポケットモンスターのピカチュウと共に 2025 年の大阪万博の誘致キャラクターに選ばれたり、中国などでも観光親善大使を務めたり、また 2017 年度には国連の「持続可能な観光国際年」の特別大使に任命されたりするなど、世界中で国際親善のために活躍している。ハローキティは、欧米の女性アーティストにもファンが多く、「kawaii」という和語が世界に広がる契機になったと言われている (Yano 2013)。注目すべきは、ハローキティと共に世界に飛び立ったローマ字表記の「kawaii」が、和語の「かわいい」「可愛い」から意味の転化が起こり、日本のポピュラーカルチャー的な kawaii を表現するようになったことだ。このように、ポピュラーカルチャーは、社会や、文化と共に、言葉を変える力もある。

1.2.　複数の文字体系を持つ日本語

1.2.1.　カタカナとひらがなの対峙性

　上で、ハイカルチャーとポピュラーカルチャーの曖昧化を検討したが、もともとその区別は、時代の権力や社会の力関係によるものだと言える。たとえば、紫式部の『源氏物語』は、今でこそ世界的に有名で、ハイカルチャー

である古典文学のジャンルに含まれるが、執筆された当時（平安時代中期）は、『竹取物語』などの説話集と共に宮中の貴族たちの間で流行りの「俗な」娯楽として読まれていた。つまり、時代のポピュラーカルチャーであったのだ。当時のハイカルチャーは、仏教の典籍などの漢文であったが、女性貴族が漢字を読み書きすることは相応しくないとされていた。

このような時代において、和歌や物語を表現する文字と男性貴族が公務や学習に使用する文字は対峙的に成立した。日本語の文字の歴史については、第2章で考察するので、ここでは簡単に述べておく。もともと独自の文字を持たなかった日本語は、5世紀ごろに古代中国語の文字、漢字に出会った。その漢字から、ひらがなとカタカナが生まれたのは有名な話だ。しかし、注目したいのは、ひらがな・カタカナは全く違った必要性から生まれたことである。

カタカナは、外国語である古典中国語を訓読する場で生み出され、主に公文書や仏教の典籍など、公的および学術的な場で使用された。そして、平安時代に成立してから、第二次世界大戦後の日本国憲法（漢字ひらがな交じり文）の公布まで、カタカナは公文書の文字とされていた。そういう意味で、カタカナは、成立時代から漢字と共に「公的」「学術的」「男性的」なイメージをまとってきた文字だと言える。

一方、ひらがなは、和歌や物語の読み書きなど、貴族の娯楽や社交の場で成立した文字であり、実務的かつ公的な場で成立したカタカナとは対峙的に発展を遂げた。ひらがなは和歌で自然の移ろいなどを歌い上げたり、女性貴族が身の回りに起こった出来事を物語にして書いたりして、社会的な力を持たなかった女性貴族の視点を表現する文字でもあった。唐文化の衰退と、国風文化の高まりの中で、ひらがなが当時の日本人のアイデンティティの表現リソースとして使用されたとも言える。男性貴族の嗜みでもあったという意味では、和歌が当時のポピュラーカルチャーであったとは言い切れないが、求愛などの手段として和歌を女性に贈り、私的な心情を詠うのに使用された

ひらがなは、国風文化の象徴として現在に至る。鎌倉時代以降、和歌や物語にも漢字が多く使用されるようになるが、成立当時のひらがなの詩的機能が現在のテキストにも引き継がれ、特にマンガやJ-POPなどのポピュラーカルチャーで、そのビジュアルイメージから「和風」「やさしい」「女性的」という意味を前景化するのに使用されている。

1.2.2. 複数の文字体系を持つ意義

このように、漢字からカタカナ、ひらがなという文字体系を成立させ、複数の文字体系を保ってきた日本語だが、表音文字である仮名を2種、それに加えて表語文字の漢字を混用して使い続けた。外来語である漢語は、仮名綴りの問題などもあり漢字で表記される場合が多く、少なくとも日本語にとって漢字は、切っても切り離せない文字だと言える。このような歴史的な経緯により複数の文字体系を成立させた日本語だが、21世紀に至るまでその複数の文字体系を持ち続けているのには理由があり、文字表記がコミュニケーションの意味構築に果たす役割が大きいからだと推定できる。

まず、日本語の文字体系は複数あるがゆえに、1種しかない言語には見られない表現を付加することが可能になる。たとえば、同じ飲料を指す表現でも「珈琲」と「コーヒー」では、漢字で書かれている方が、外来語に漢字を当てていた時代などの情感が付加される。佐竹・佐竹（2005: 32）も、同じ点を示すのに「偉い人」と「エライヒト」を比べているが、漢字表記の方は「偉人の意であろうが、『エライヒト』は、威張っているだけの人や、とりあえず肩書きの立派な人といったニュアンスを伴う」と意味の違いを指摘している。「偉い」という漢字語の語義が「エラい」では希薄になり、他の意味に転化されているという分析だ。

また、カタカナ・ひらがなは、表語文字である漢字の表意性を弱め、表音性を強調する機能があると言われる。メイナード（2012: 192-193）の（19）の例から検討する。

14

(1) 『砂糖菓子の弾丸は撃ちぬけない A Lollypop or A Bullet』80

「昔は優等生。かっこよくてさわやか。いまは、うーん・・・・・・
<u>妖魔</u>」

「<u>ようまぁ</u>？」

「そ、うちは妖魔の森なの。あたしが管理人」

　この例では、「妖魔」に対して、その発話を聞いたキャラクターが「よう
まぁ？」と問い返している。日常会話でもよくある状況だが、その問い返し
の言葉の表記を漢字からひらがなに変換することで、相手の発話の意味が理
解できないキャラクターの戸惑ったイメージや声をビジュアルに感知するこ
とができる。微妙な感情や声の調子を文字表記の操作で表現できるのだ。

　逆に通常カタカナで表記する外来語を、漢字に変換することで意味が付加
される場合もある。映画のタイトルから例を挙げよう。『An American in
Paris（パリのアメリカ人）』（1951）というジーン・ケリー主演のミュージカル
映画があるが、ガーシュウィンの同名のタイトル曲を基にした映画だ。日本
語のタイトルを調べると、『巴里のアメリカ人』になっていて、通常カタカ
ナで表記される「パリ」が漢字で表記されている。上の「珈琲」と同じく、
奈良時代の万葉仮名や現代の中国語のように漢字の語義に関係なく音を借用
して表す「借音法」で、明治時代から昭和の初期にかけて欧米からの外来語
を表記するのに使われた方法だ。一方、2015年のブロードウェイミュージ
カルやガーシュウィンの曲名に使用されるタイトルでは「パリ」がカタカナ
表記になっている。戦後から6年経った1951年に初上映されたこの映画を
翻訳した日本人が「パリ」ではなく「巴里」という表記を選んだ理由だが、
懐古モダンな「古き良き時代の芸術の都」を表現するためだったのではない
だろうか。

　日本では、大正時代から昭和初期にかけて「モガ」、「モボ」ファッション
が流行り、パリに代表されるヨーロッパの文化に憧れを持つ人も多かった。

また、明治維新以降、西洋から次々に新しいモノや概念が入り、それらと共に言語表現も入ってくる。その外来語を日本語で表記するのに、漢語やカタカナを使用した。そのため、明治、大正時代など戦前の文芸作品には外国名を漢字やカタカナで表記し、ルビにカタカナ、親文字に創作漢語という例も多かった。また、フランスやイギリスに憧れを抱いていた近代の作家や画家も多く、巴里や仏蘭西、倫敦などの表記がメディア（雑誌や本、商品パッケージ、広告など）に多く見られた。たとえば、本のタイトルでは与謝野寛・与謝野晶子の『巴里より』（1914）や、夏目漱石の『倫敦塔』（1905）などが有名な例だ。ミュージカル映画のタイトル『巴里のアメリカ人』は、このような文芸作品やその時代について表現しているメディアの表現から、日本語話者が共有している情感を表現するレトリックだと言える。文字が表出する意味はその言語コミュニティに共有される感性の一つであるが、日本語に文字体系が複数あるからこそ可能になる表現法でもある。

1.3. ビジュアル情報の優位性

1.3.1. 絵文字の開発

　先に述べたように、複数の文字体系を持つ日本語は、文字種を操作することで、過去の経験に基づくメンタル・イメージを付加することができる。この現象に関しては、第3章で詳しく考察する。一方、日本語はもともと文字とビジュアルイメージの境界が曖昧だ。たとえば、書道。毛筆で文字を書くのだが、字体や書体だけでなく、墨の濃淡や、筆のかすれ、ハネなど、「絵」の技法で表現する芸術だ。題材にする文字は、主に漢字とひらがなであるが、21世紀になっても引き継がれている社会実践の年賀状には、毛筆フォントのカタカナやローマ字表記のデザインも見られる。また、序章でも述べたが、日本は、平安時代の源氏物語絵巻、江戸時代の判じ絵や絵かるたなど、古くから文字と絵を融合させたアーティファクトを創造してきた。源氏物語絵巻

物は、詞書と絵を時間軸にしたがって右から左へと並べた物語で、現代のマンガやアニメに通じるものがある。

そして、このようなビジュアル・カルチャーの伝統を引き継ぎ、日本はマンガやアニメに加えて、ピクトグラム、絵文字などのオリジナルなアーティファクトを、デジタル時代に突入する前、20世紀の後半に生み出している。その結果、今や世界中から日本のビジュアル・カルチャーに対する注目が集まっているのだ。たとえば、2016年に「人々の生活を変えたデザイン」として日本人が開発したオリジナルの絵文字がニューヨーク近代美術館（MoMA）に収蔵されることになった。1998年のドコモ時代に栗田穣崇氏が開発したオリジナルの絵文字だ。栗田氏は、自身の絵文字開発の背景を述べた論説（2017）で、絵文字は表意文字の一種であり、デジタル・コミュニケーションにおいて、「文章に自らの感情を付加するために用いられるもの」と定義づけている（栗田 2017: 199-207）。

栗田氏は、絵文字開発の背景にデジタル・コミュニケーションの無機質さの問題があったと言う。対人コミュニケーションでは、相手の表情やジェスチャー、さらに声の質や強弱などから発話の真意や、相手の感情が読み取れる。しかし、文字がスクリーンの上に羅列されるだけの無機質なデジタル・コミュニケーションにおいては、対人コミュニケーションに伴う感情表現が欠落する。米国カーネギー大学のスコット・フォールマン氏（Scott Fahlman）は、メッセージボードのコミュニケーションのために、キーボードを使って初めてエモーティコン（顔文字）を作成した人物だ。栗田氏は、フォールマン氏によって最初に発案されたエモーティコンが、感情を表すスマイリー（smile）「:-)」としかめっ面（frown）の「:-(」であったのはデジタル時代にとって必然的な案出であり、自身の絵文字の開発動機にもなったと述べている。また絵文字が日本で開発された時代には、まだ多くの技術的な制約があり、さまざまな選択を強いられたが、栗田氏は文字数の制限が出てきても、コミュニケーションに欠かせない絵文字のバリエーションを増やすこと

を優先したと述べている。これは、感情を表すビジュアル記号がデジタル時代のコミュニケーションには欠かせないと判断したからであった。

　絵文字のデザインに関しても、日本のビジュアル・カルチャーの伝統が大きな役割を果たした。栗田氏は、東京オリンピックで使用されて世界に広まったピクトグラムや、マンガ家の手塚治虫が発案した「漫符」が、絵文字デザインのヒントになったと述べている。「漫符」は、漫画の符号（絵記号）のことで、目や口など顔のパーツがバラバラに描かれ、それぞれにバリエーションが与えられている記号のことだ。そして、マンガを描くときには、これらの漫符を組み合わせて喜怒哀楽の感情を表現する。顔のパーツのほかにも、焦りを表現する汗マークや、ひらめきを表す電球マークなどの漫符もあり、全て手塚の発案だと言う。マンガ評論家の夏目（1999: 199）は、手塚の漫符を「戦後マンガの表現革命にいたる」手法であったと述べている。実際、手塚は自身のマンガ制作について、絵を「描いている」のではなく、ヒエログリフ（hieroglyph）のような記号を使ってストーリーを「書いているのだ」と述べたことがある（Schodt 2012: 25）。この発言からも、日本語の文字と絵の親和性、融和性が伺える。

　開発されてから20年が経つ現在の絵文字には、ますます多くのバリエーションが取り入れられていて、日本発の絵文字が、世界中のデジタル・コミュニケーションにとって不可欠な表現手段になったことを示している。ソーシャルメディアのFacebookが、2016年に「いいね」を表現する親指マーク以外にも、新しいリアクション記号として、ハートの「大好き、超いいね」や「かなしいね」ボタンを追加したのも、絵文字のように多様な感情を簡単に表現するビジュアル記号がデジタル・コミュニケーションに必要だったからだと言う。世界中の人に使用される現代の絵文字は、人物の場合、肌の色などのバリエーションも用意されている。

　また、日本語の文字の一種である漢字は、その表意性からデジタル・コミュニケーションにおいても「絵」として使用されている。たとえば、日本語

が分かる人の間では、電子メールのメッセージなどに絵文字や顔文字の代わりに（笑）（汗）（爆）などキーボード操作一つで挿入できる漢字がよく使用される。漢字は、絵文字と同じくビジュアル記号として無機質なPCやスマートフォンのコミュニケーションに、感情やヴォイスを織り込み、友人の笑い声やツッコミが聞こえるようなメディア経験を可能にする。

　このように、現代のデジタル・コミュニケーションは、ビジュアル記号がないメッセージは考えられないほどになった。もし、親しい友人とのプライベートなメッセージに、顔文字や絵文字、もしくは「（笑）」「！」「？」「☆」などのビジュアル記号がなかった場合、「無関心」「不満」など意図しないメッセージを受け取ってしまう場合もある。ビジュアル情報がないために「ディスコミュニケーション」が起こってしまうのである。

1.3.2.　文字が表現する「ヴォイス」とメラビアンの法則

　絵文字など、デジタル・コミュニケーションにおいてのビジュアル情報の優位性について検討したが、PCや携帯電話以外のプラットフォームでも文字のビジュアル情報が優位になる例がある。ビデオ・ゲームである。日本が世界に誇るポピュラーカルチャーの先端を行く携帯ゲーム機や、据え置き型のビデオゲーム機でプレイするゲームのソフトは、近年フルボイス化されているものが多く、声優が吹きこんだキャラクターの声に合わせて、画像や、動画イメージ、さらにテキストが同時に表示される方式が一般化している。このようなマルチモーダルなビデオゲームにおいては、文字が物語の意味生成に大きな役割を果たす。その一例を『金色のコルダ3 Another Sky』という作品からデータを引用する。

　ここで背景として、コーエーのネオロマ（ネオロマンス）と呼ばれるゲームシリーズについて簡単に説明しておく。このゲームシリーズは、コーエーが制作する少女向けRPG（ロールプレイングゲーム）だが、男性向けのゲームが中心であったゲーム市場に、『アンジェリーク』（1994）という作品を発表

第1章　ポピュラーカルチャーの詩学　19

したことで「乙女ゲーム」という新しいジャンルの創設に貢献した。一般的に「乙女ゲーム」は、少女マンガと同じオーディエンスを想定する。そのため恋愛というテーマが根底にあるが、「ネオ（新しい）ロマンス」という名前が示唆するように、従来通りの恋愛についての物語ではなく、主人公が仲間キャラクター達と協力して、クラシック音楽のコンペティションでの優勝を目指したり、日本の歴史に実在する人物と戦いながら仲間と一緒に問題を解決したりするなど、恋愛以外のゴールが設定されている。ゲームのイラストは、少女マンガ家が担当する。また、メディアミックスも見られ、ゲームの物語が、アニメ、小説、少女マンガなどとして制作販売されている。下の（2）と（3）は、『金色のコルダ 3 Another Sky』（コーエー　2014）の別々のシーンからテキストのみを抜粋した。

（2）　「―おや、立ち聞きは / 良くアリマセンよ、お嬢さん」

（3）　「彼は私の予想より / 大きな可能性を秘めていたようデスネ」
　　　　「天音から手放したのは / ちょっともったいなかったカナ」

　（2）と（3）の発話者は同一人物で、ロシア人の作曲家・指揮者である外国人キャラクターである。マンガ絵では金髪の人物として描写されている。そして、テキストに表示されるこの人物の会話は、（2）と（3）のように、機能語だけがカタカナ表記になっている。これは、マンガのレトリックの一つで、外国人の話す日本語が非日本的アクセントを伴う様子を文字で表現する方法だ。全文がカタカナになっていないのは、ある程度日本語が話せるキャラクターという設定のためで、日本語が非常にたどたどしい外国人の場合、マンガでは「ドコニイッタラヨイノカワカリマセン」のように、全文がカタカナになっている場合が多い。第3章で考察するが、ロボットや宇宙人など「人ならざるもの」の声を表現するのも全カタカナ表記となる。ビデオ

ゲームの場合は、次々にシーンが変わるので発話が長い場合、（2）と（3）のように機能語だけがカタカナ表記にされる傾向があるが、これは読みやすさの配慮からだとも考えられる。

　ビジュアル情報の優位性という観点から（2）と（3）で注目したいのは、吹き込まれている声優の声がまったくアクセントのない日本語母語話者の発音であるにもかかわらず、外国人のアクセントを伴った発話に聞こえてしまうということだ。これは、文字の「声」が、声優の物理的な「声」を無効化している現象だと捉えることができる。文字が表出する「声」は、ビジュアル記号としての文字が表出する意味であるので、本書では「ヴォイス」と呼び、聴覚情報の「声」と区別する。

　「ヴォイス」は、テキストに織り込まれた視点やスタイルなどを指すが、ロシアの哲学者 Mikhail Bakhtin（ミハイル・バフチン）の多重のヴォイス（multi-voicedness）（1984: 30）に基づいた概念で、書記コミュニケーションに不可欠な要素である。Bakhtin は、ドストエフスキーの小説を分析する中で、どのような談話、文、語彙にも複数のヴォイスが響き合い、音楽のポリフォニーのように共鳴していると述べている。日本語の談話に関しては、メイナード（1997, 2008, 2012, 2014, 2017）が Bakhtin を援用して分析しているが、先の（2）と（3）のような例から言えることは、文字表記そのものにもヴォイスのポリフォニー性が見られるということである。Bakhtin の多重のヴォイスについては第3章で詳しく説明する。

　（2）と（3）の例から観察できるビジュアル情報の優位性は「メラビアンの法則」としても示されている。先に紹介した絵文字の開発者の栗田氏も、この法則が絵文字の開発動機になったと述べている。「メラビアンの法則」とは、米国 UCLA の心理学者 Mehrabian（メラビアン 1981）が、心理学の実験結果を基に立てた法則で、対人コミュニケーションにおいて言語情報、聴覚情報、およびビジュアル情報で矛盾する情報が与えられた場合、ビジュアル情報を優先して解釈する人が多いことを示唆する法則である。たとえば、

叱られながら優しい表情を示されるのと、優しい言葉をかけられながら厳しい表情を示されるのでは、前者の方が善意に解釈される割合が多いという実験結果であった。(2) と (3) のケースは、文字表記 (ビジュアル情報) と声優の声 (聴覚情報) で矛盾する情報が与えられた結果、ビジュアル情報が優位になり、外国語のアクセントを持った「ヴォイス」として解釈される例である。まさに日本語の文字のビジュアル性は、聴覚情報に勝る「表現力」があると言える。

1.3.3. NHK をやさしく

　ビジュアル情報の優位性を検討したが、近年、従来「硬い」とされていた政府や地方自治体のコミュニケーションに、ビジュアル・カルチャーの典型と言えるポピュラーカルチャーの表現を導入するケースが多く見られるようになった。2007 年に登場した滋賀県彦根市の猫キャラクター「ひこにゃん」から火がついた「ゆるキャラ」ブームは今も健在だ。「ゆるキャラ」は、まさに見た目が「ゆるい」キャラだが、ディズニーランドのキャラクターたちと同じく話さない「ゆるキャラ」が多く、ビジュアルイメージで個性をアピールするケースが多い。また、千葉県船橋市のキャラクター「ふなっしー」は、数少ない話す「ゆるキャラ」の元祖だが、マンガやアニメのキャラクターのように、そのキャラクターを特定する「キャラ語」で話す。「ふなっしー」の場合は、「かわいいなっしー」など語尾に「なっしー」がつくのが特徴だ。飛行機や電車に「ふなっしー」などのゆるキャラや、ピカチュウなどのキャラクターが描かれるのも日本ならではの現象だ。

　NHK の教育テレビも以前は硬いイメージがあったが、現在は「E テレ」と呼ぶようになりイメージも軟化した。名称の変更と共に、民放のバラエティ番組のような構成のプログラムも増え、タイトル名もユニークな文字使いや言葉遊びが見られる。たとえば「エイエイ GO ！」は、「えいご」をもじった中学生対象の英語の語学番組のタイトルだ。また同じく英語学習の番組

に「ボキャブライダー」というのがあり、以前はダークスーツで真面目なイメージが強かったNHKの司会者が、この番組では特撮「仮面ライダー」風のコスチュームを装着している。これらは、対象オーディエンスである少年少女に興味を持ってもらえるような配慮だと言えるが、その戦略にポピュラーカルチャーの表現が使用されている。

幼児向けの「シャキーン！」という番組は、ホームページに「子どもたちを"シャキーン！"と目覚めさせて、楽しい一日のスタートを切ってもらう知的エンターテインメント番組」だと説明されている。桃太郎の子孫の桃の妖精や「捨てられたハチのぬいぐるみとネコの魂が合体した妖精」など、ファンタジー系のゲームや戦闘系のマンガ・アニメに出てくるようなキャラクターが多く登場し、ゲームやクイズなどの参加型メディアも用意されている[3]。このような教育番組の「ソフト化」は、子どもたちが興味を持ちやすいアニメやゲームなどの表現を導入することで、学習意欲を高めると共に、過去のメディア経験を基に新しい情報を解釈できるようにデザインされたものだと考えられる。そして、文字表記もそのデザインの重要な手段になっているのだ。

ビジュアル情報の優位性を利用しているのは、幼児から少年少女を対象にした「Eテレ」だけではなく、広く一般の視聴者を対象にしたNHK総合の方の番組名にも見られる。たとえば「旬感☆ゴトーチ！」という番組名の表記が、そのよい例である。「全国各地の"旬"な話題を生放送」するという番組だが、ホームページもタイトルの文字と共にパステルカラーの軟らかいイメージでデザインされている。タイトル名にも感嘆符が使用されているが、紹介する地方の「ゲンキ」な躍動感を表現したいのか、各エピソードのタイトルにも感嘆符が多い。またソーシャルメディアでよく見かける星マーク「☆」は、その地方がキラキラ輝いていることを示していると思われる。星

3　http://www.nhk.or.jp/kids/program/shakiin.html（最終アクセス 2018.8.16）

は、その数でよくモノの評価がきまる記号にもなっているので、評価がいい土地だという表現にも使用できる。カタカナ表記の「ゴトーチ」も「ご当地」と表記するより、漢語の「重さ」が希薄になり、ポップなイメージが創出できる。このように、マルチモダリティの観点から番組名やホームページのデザインを分析すると、色やフォント、レイアウトなど全てが「軽くポップ」なイメージで統一されているのが分かる。この番組名のカタカナ表記は、ホームページの色やレイアウト、フォントなどと共に意味の結束性（cohesion）、テキストの一貫性（coherence）に貢献していると言える。

1.4.　本書の理論的背景

1.4.1.　マルチモーダル・コミュニケーション

　日本語の文字は、そのビジュアルな表現力が他のモダリティの情報に勝る機能があり、書記コミュニケーションにとっては非常に効果的な表現リソースであることが分かった。しかし、これは文字をマルチモーダルな「本物」の目的を持ったテキストの中で分析して初めて明るみに出る表現力である。「本物」のコミュニケーションとは、物語を楽しむ、特定の人にメッセージを届ける、など主体が実際の目的を持って取り組む社会活動のことを指す。コミュニケーションも社会活動の一つであるからだ。

　本書が主張する「コミュニケーション」は、言語を社会的な機能を持つ記号の一つだと捉える社会記号論に基づいた概念である（Hodge & Kress 1988, Kress & van Leeuwen 1996, 2001, Kress 2010）。コミュニケーションには社会的な目的があり、常に社会と対話をしながら実践されるという考え方だ。そのため、言葉の意味は不変的なものではなく、時代と共に常に変化していくものである（Gee 1990）。Kress（2010: 36）は、次の3点をコミュニケーションの基本概念として挙げている。

　まず（1）コミュニケーションは、何かに触発されて起こるという概念。

何かを見て感動しブログを書き、スーパー歌舞伎に興味を持ってくれたフランス人に歌舞伎の歴史について説明したい、など、全てのコミュニケーションが何らかに触発（prompt）されて起こるものだという考え方だ。たとえば、難解な漢語の理解に困るグローバル人材に、災害時の対処法に関しての情報をインフォグラフィック（infographics）でわかりやすく伝えたい、リラックスしたいので本を読もう、というのもコミュニケーションを触発する要因になる。

　次に（2）コミュニケーションは「オーディエンス」に解釈されて初めて成り立つものだという概念。本書では、「オーディエンス」という表現を単に「聴衆・観客」という意味だけではなく、あらゆる形態のコミュニケーション活動における「メッセージの受け手」という意味で使用する。たとえば外国語が分からない人にその言語を使用して議論しても当然コミュニケーションは成り立たない。同様に、言語にせよ音楽にせよ、独りよがりな表現は相手と共有している知識や文化がなければ解釈できず、コミュニケーションが成り立たないという考え方だ。コミュニケーションは常に社会と「対話」して行われるものであるからだ。

　最後に、（3）コミュニケーションは常にマルチモーダルだという概念。コミュニケーションのメッセージ（意味）は、複数のモードから融合的に構築されるという考え方だ。「マルチモーダル」の「モード」とは、ビジュアルイメージ、ライティング、レイアウト、色、音楽、ジェスチャー、スピーチ、動画などが一般的に認められているが、文化によってバリエーションがあるとされている[4]。マルチモダリティとは、それらのモードが交錯し合って、融合的な意味を生成する様態を指す。たとえば、マンガは、イメージ、ライ

4　英語の 'Writing' は、紙やデジタルプラットフォームなどに、文字を使って書く活動や作品を指す。日本語の「作文」という言葉は、教育的な状況において行う書記活動という意味が強く、英語の writing とは語感が少し違うので、本書では、一般的な書記活動という意味では「ライティング」という用語を使用する。

ティング、レイアウトを組み合わせて表現する典型的なマルチモーダル・コ
ミュニケーションだと言える。そのうち、どのモードが欠けていても、全く
違った意味を生成する。モードは、社会文化的に構築されるため、言語コミ
ュニティによって幅や優先度が違うが、ビジュアルな言語だと言われる日本
語のライティングモードのコミュニケーション（書記コミュニケーション）は、
ビジュアルイメージが大きな役割を果たす。本書の第3章で、改めてマルチ
モダリティ理論について説明する。

1.4.2. 世界一難解な書記コミュニケーションの習得

　一方、グローバル人材のための日本語教育の場では、文字をマルチモーダ
ルなコミュニケーションのコンテクストから切り離して導入してしまう場合
がある。たとえば、ひらがな・カタカナを導入し、書き方が覚えられたかど
うか「ひらがなクイズ」「カタカナクイズ」で確認する。そして「ともだ
ち」「クラス」など日常的に使用する言葉を表記させるのだが、その際に
「カタカナは外国語の借用語を書く時に使う」のような日本語の文字表記の
「規範」が一方的に示される（ドーア 2011, 熊谷・佐藤 2011）。しかし、オーセ
ンティックなテキストを見ると、カタカナが外国人の発話の表記に使用され
る例など、外来語以外にもさまざまな表現の表記に使用されていることが分
かる。さらに、外来語が漢字やひらがなで表記される場合もある。

　この章の冒頭でも述べたが、日本のポピュラーカルチャーは世界的に人気
が高く、グローバル人材が日本語を始める動機にもなっている。しかし、欧
米語をはじめとして1種の文字を持った言語を母語とする学習者にとって、
文字体系が複数種ある日本語を習得するのに膨大な時間がかかってしまうの
が実情だ。たとえば、米国国務省は、所属の言語教育機関で英語を母語とす
る外交官が、外国語で任務ができるレベルに到達する平均的な時間数を基に
各外国語の難易度をレベル1から4に分類しているが、日本語は中国語、韓
国語、アラビア語と並んで最も難しい「レベル4言語」（超難解言語 "Su-

per-hard languages"）だと記されている。さらに、米国国防省の報告書による
とレベル4言語の中でも日本語が最も難解で、その理由として複雑な表記体
系が挙げられている[5]。

　外国語としての日本語の難解さは、漢字使用によるものだと思われがちだ
が、実際には、カタカナの方が難しいという学習者もいる。現代の日本語の
「常用漢字」は、平成22年（2010年）に内閣告示された漢字表で、一般の社
会生活において日本語を書き表す場合の漢字使用の「よりどころ」として
2,136字がリストされている。確かに26文字のラテン文字でコミュニケー
ションをしてきた学習者にとっては、2,136字という漢字の数だけで圧倒さ
れるかもしれない。しかし、漢字は表意性があるので、意外に覚えやすいと
いう学習者も多い。これに対して表音文字であるカタカナは、原語の音韻体
系と全く違う日本語の音韻体系に基づいた文字なので、自分の母国語の語彙
を表記していてもなかなか理解できず、彼らにとっては漢字と同等に、もし
くはそれ以上に難解な文字になる場合が多い。

　その難解な表記体系を習得するには、それらが実際にどのような表現に使
用されているのかを批判的に観察し、マルチモーダル・コミュニケーション
の一つのリソースとして理解する必要がある。そのためには、時代の「規
範」も含めて社会が共有している知識を発見していくことが必要だ。コミュ
ニケーションには社会的な目的があり、常に社会と対話をしながら実践され
る。そして、その社会的な機能の発見が「学習（Learning）」となるのだ。

1.4.3.　表記規範の変化

　実際、社会が共有する表記体系の「規範」も時代の流れで変化し、コミュ
ニケーションの目的によっては規範から外れた表現が選択される。日本語の

5　National Security Agency, Central Security Service, https://www.nsa.gov/news-features/de-classified-documents/cryptologic-spectrum/assets/files/foreign_language.pdf（最終アクセス
2018.8.16)

教科書などが掲載する文字使用の「規範」は、先に述べた内閣告示・訓令の「常用漢字表」をはじめ、「現代仮名遣い」「送り仮名の付け方」「外来語の表記」そして「ローマ字のつづり方」などから引用される場合が多い[6]。文化庁の資料などを見ると、表記体系に関する訓令の前書きとして「法令・公用文書・新聞・雑誌・放送など、一般の社会生活において」のよりどころを示すものであると書かれている。本章で見たNHK総合やEテレなどの番組が、これらの「よりどころ」から大きく外れているのは言うまでもない。ここでは、NHKを批判しているのではなく、むしろ時代のニーズに合わせて規範を破り、ポピュラーカルチャーの表現法を取り入れるコミュニケーションを擁護する立場である。社会生活に欠かせないニュース番組でも、近年のマスメディアはテロップなどで「よりどころ」から外れた表記が見られる。それは、コミュニケーションの目的が、社会や視聴者のニーズに応えるため、視聴者に分かりやすい情報を提供するためなどで、そのニーズも時代と共に変化するからである。

　興味深いのは、このような内閣訓令のようなジャンルのテキストも時代と共に変わり、過度期には規範から外れた用法が見られることだ。たとえば、下に表記関係の訓令の一部を抜粋して並べてみたが、（7）と（8）は「〜をもって」と、促音の「っ」が小書きにされていないのに気がつく。昭和63年（1988年）までは、法令や訓令文書において拗音や促音を小書きにしない「規範」があったためだ。しかし（5）は、それ以前の昭和48年（1973年）に発令されているにも関わらず促音が小書きにされている。これが、オーディエンスを考慮した表記かどうかは不明だが、少なくとも公文書が訂正なしで長年、一般に公開されているとは考えにくい。

6　これらの国語施策に関する内閣告示・内閣訓令は、次の文化庁のサイトから閲覧できる。http://www.bunka.go.jp/kokugo_nihongo/sisaku/joho/joho/kijun/naikaku/index.html（最終アクセス 2018.12.9）

(4) 『外来語の表記』の実施について

政府は，本日，内閣告示第2号をもって、『外来語の表記』を告示した。今後，各行政機関においては，これを現代の国語を書き表すための「外来語の表記」のよりどころとするものとする。

平成3年6月28日　内閣総理大臣　海部　俊樹

(5) 「送り仮名の付け方」の実施について

さきに，政府は，昭和34年内閣告示第1号をもって「送り仮名のつけ方」を告示したが，・・・

昭和48年6月18日　内閣総理大臣　田中　角榮

(6) 公用文における漢字使用等について

政府は，本日，内閣告示第2号をもって，「常用漢字表」を告示した。・・・

平成22年11月30日　内閣総理大臣　菅　直人

(7) 「現代仮名遣い」の実施について

政府は，本日，内閣告示第1号をもつて，「現代仮名遣い」を告示した。・・・

昭和61年7月1日　内閣総理大臣　中曽根　康弘

(8) 「ローマ字のつづり方」

国語を書き表す場合に用いるローマ字のつづり方については、昭和十二年九月二十一日内閣訓令第三号をもつてその統一を図り、漸次これが実行を期したのであるが、・・・昭和二十九年十二月九日　内閣総理大臣　吉田　茂

また、平成3年（1991年）に発令された（4）の『外来語の表記』では、句読点のテン「、」とコンマ「,」が混用されている。このような混用は、現在の小学校の国語の教科書などでも見られるようだが、光村図書の場合「句読点は、横書きでは「,」および「。」を用いる」としている。しかし小学校の教科書では、どちらを使ってもよいように括弧書きで「、」と示していると但し書きがされている[7]。句読点は日本語の文章の「くぎり符号」として、明治時代になってから使用されてきたが、光村図書の教科書のような「規範」は、昭和21年（1946年）に文部省教科書局調査課国語調査室が「くぎり符号の使ひ方〔句読法〕（案）」として発表したものに基づいている。しかし、現在も横書きの学術出版などにおいては、テンのみを使用する場合や、テンとコンマが混用される場合など複数の実践が見られる。（8）の「ローマ字のつづり方」は、昭和29年（1954年）に告示されたものだが、テンで統一されている。このように、「規範」はその時代の公文書や教科書、学術論文などのよりどころになるが、コミュニケーションの目的によりバリエーションが生まれ、その結果、規範自体も変わっていくものなのである。

1.4.4. 縦書き・横書きとその混用

　グローバル人材育成の観点から考えると、上で述べたような規範を「ルール」「文法」として一方的に示しても理解できるものではない。たとえば、現在の日本語は、文章を左から右に書く横書きと、右から左に書き進む縦書きとが目的によって使い分けられている。日本語母語話者にとっては、当たり前に思えるかもしれないが、世界の言語の中で複数の書字方向を並行して使用するのは、日本語ぐらいではないだろうか。書字方向について論じている屋名池（2003: 152-153）によると、日本語に欧米語テキストのような横書

7　詳しくは光村図書のサイトを参照されたい。http://www.mitsumura-tosho.co.jp/webmaga/ko-toba/detail21.html（最終アクセス 2018.12.10）

きが見られるようになった 1926 年ごろから 1936 年ごろの過度期には、雑誌の見開きで、鏡像のように左右対称的なレイアウトになっている例などもあり、日本語の書記方向の大混乱時代だったと述べている。母語話者でも過度期においては混乱に陥るのであるから、横書きだけでコミュニケーションを実践してきたグローバル人材にとって、新しい言語である日本語の表記体系や書記方向で混乱に陥るのは当然だと言える。

　マンガや、絵本、小説、ウェブ広告、カフェやレストランのメニューなどコミュニケーションの目的を持ったテキストには、多様な書字方向が、特定の表現効果を狙ってデザインされている。また、年賀状や手紙には、今でも筆書きの縦書きが多く、伝統的な意味が表現されている。しかし、そのようなメディアで書記方向が意図する意味を考える経験を経ず、突然「原稿用紙に縦書きで作文を書きましょう」と指示されて、マス目が縦横に並んだ用紙を渡されても、学習者は大混乱に陥ってしまう。このようなマス目が並んだ用紙やノートは、アメリカでは数学のグラフを書いたり、工学や建築の製図をしたりする際に使用するが、そのノートに文章だけ書くときも、当然横書きである。実際、学習者の中には、縦書き作文を課されて「レモネード」などのカタカナ表記に使用される長音符号を縦「｜」ではなく横棒の「ー」のまま書いてしまうことがある。「レ」「モ」「ネ」「ド」のカタカナは、縦横で文字の方向を変えなくてよいのであるから、長音記号も文字と捉えれば、縦横で方向を変えるのは不思議な決まりである。すなわち、このような「間違い」は、学習者の視点に立つと極めて理にかなった表記なのである。

　また、屋名池（2003: 152-153）は「日本のように伝統を重んじる気風のある社会では、新旧の過度期で複数のあり方が並行する時は、古いものの方がより高い『威信』をもつことになる」と述べている。たとえば大正時代の手紙のマナーとして目上の人に、筆でなく万年筆で手紙を書くのは失礼だという「規範」があったと指摘している。筆に墨をつけて書く伝統的な書き方の方がフォーマルだと見なされたからだ。そしてボールペンが出現すると万年

筆が格上げされ、ワープロ、パソコンが出てくるとボールペンでも手書きがいいとされる。確かに、欧米では履歴書をパソコンで作成するのが普通だが、日本では今でも履歴書専用の用紙に手書きで記入する方が望ましいとする企業も多いようだ。このように「規範」は、時代や目的、文化によって大きく変わるので、グローバル人材に日本語の文字を導入する場合、マルチモーダルなコミュニケーションの中で、記号や、書字方向、文字種の選択による意味の違いなどに気づかせながら導入する必要がある。

　先に検討した書字方向や、文字のレイアウト、また文字を何で書くか、どう書くか、何に書くかなどというデザイン的な選択は、一見表記体系の習得とは全く関係がないように思われるが、実はマルチモーダル・コミュニケーションにとっては、非常に重要な表現リソースとなる。たとえば、マンガでは吹き出しの中に、キャラクターの発話が活字で縦書きに表記されるが、吹き出しの外には手書き風のフォントが見られ、「つぶやき」「内なる声」など、活字フォントとは全く違った意味を表出している。また、本章で日本語の文字が絵との親和性が強いことを観察したが、「ギクッ」などのマンガのオノマトペ表現は、吹き出しの外に筆書きや手書き風の書体で多様な方向に描かれる。書き言葉であれば、縦か横の選択になるが、文字を絵として扱っているので斜めでもいいし、バラバラに浮遊していてもよく、表現により多様な選択が見られる。このような文字表記の例は、マルチモーダルなテキストを分析して初めて理解できるようになるのだ。本書では、ポピュラーカルチャーで使用される文字の表現力をさまざまな角度から分析するのだが、グローバル人材が世界一難解な日本語の表記体系を習得する動機づけになるようなコンテンツを選んで取り入れるようにした。

第2章　複数の文字体系を持つ日本語

2.1.　日本語の文字化

2.1.1.　日本国憲法の表記に関する「大事件」

　明治22年（1889年）に制定された「大日本帝国憲法」は、漢字カタカナ交じり文で書かれてあったが、戦後の昭和21年（1946年）に公布された「日本国憲法」は、漢字ひらがな交じり文で書かれた。このカタカナからひらがなへの変更は、ただの変更ではなく、その文字の変化が日本の社会、文化を大きく変える大事件で、「画期的」だと当時の朝日新聞に書かれている[1]。何がそんなに画期的かというと、憲法を書き表す文体と文字が変わり、それが日本という国の主権のあり方を表現しているからである。戦後の民主主義に基づいた国づくりに、主権を持つ国民だれもが理解できる憲法の表現を目指したのである。当時の新聞記事から引用すると次のような理由で漢字ひらがな交じり文が選ばれたと記されている。

　　憲法改正草案のとくに注目されることは全文を口語体でしかも平仮名で表現してゐることで、これは、憲法が國家の基本法であり民主主義日本の性格を現はす根本法規であるので、國民のすべてが理解できることを原則とし、とくに平易な表現を用ひたものである
　　　　　　（1946年4月18日付朝日新聞東京本社版朝刊1面より本文の一部を抜粋）

1　朝日新聞 Digital 版「ことばマガジン」より。http://www.asahi.com/special/kotoba/archive2015/mukashino/2013062600008.html（最終アクセス 2018.12.16）
　山口（2006: 177）は、江戸時代まで公用文は漢文か漢式和文で書かれていて、明治政府が「五箇条の御誓文」などに漢字カタカナ交じりを採用したのは「革新的なこと」だったと述べている。

34

　この記事から分かることは、まず、ひらがなが口語体の日本語を表現する
のに選ばれたこと、そしてひらがなは、当時の国民のだれもが理解できる
「平易な表現」を表記できる文字であったということだ。さらに言えば、明
治時代に新政府の法規や方針を表す「公文書」を公布するようになってから
昭和の新憲法公布まで、公文書は全て文語体で書かれ、カタカナがその文語
体の日本語を表現するのに使用されてきた文字だということである。

　上で引用した朝日新聞の記事によると、「日本国憲法」の草案は、最初は
従来通り漢字カタカナ交じりの文語体で記されていたが、有識者やGHQの
意見などを踏まえて最終的に漢字とひらがなを使用した口語体になったと説
明されている。この記事は憲法第3条を例に挙げて、文語体の草案と実際に
公布された口語体の文を並記して示している。

　　（文語体）「天皇ノ国務ニ関スル行為ハ凡テ内閣ノ輔弼賛同ニ依リ内閣ハ
　　其ノ責ニ任ズルコト」
　　（口語体）「天皇の国事に関するすべての行為には、内閣の助言と承認を
　　必要とし、内閣が、その責任を負ふ」

　現代の日本人の視点から見ると、明らかに漢字カタカナ文の文語体は、威
圧的かつ無機質なイメージを受ける。また、この文語体で示された案の中で
天皇の権力を示すような表現は、そうでない表現に変えられたと言う。たと
えば「補筆」という漢語は、天皇の権能行使を補助するという天皇崇拝の意
味があり相応しくないとして、幾度もGHQ側とのやりとりなどで、英和辞
典や和英辞典を使って意味交渉を行なったことが、佐藤達夫氏の著作『日本
国憲法成立史』(1962)を引用して説明されている。最終的には、「内閣ノ補
筆賛同」は「内閣の助言と承認」に変えられたと言う。現代の日本人は、戦
争の記憶が遠くなるにつれ、70年ほど前までは上の文語体のような公文書
が普通だったことを忘れがちになるのではないだろうか。社会が言葉と文字

を変える例だが、ここで改めて日本語の表記体系について考えると、なぜ、ひらがなとカタカナという同じ日本語の音を表記する2種類の仮名を、平安時代から現代に至るまで、一つの仮名体系に統合することなく使い分けられてきたのだろうか、という疑問が湧いてくる。

　こういった疑問に答えるために、本章では先行文献を踏まえながらポピュラーカルチャーの表現で大きな役割を果たす日本語の文字が、どのようにして生まれ、何を表現してきたのかを、言葉と文字の社会的機能に焦点をあてて考察する。

2.1.2.　ひらがな文とビジュアル・カルチャーの起源

　7世紀後半から8世紀にかけて成立したと言われる和歌集、『万葉集』には漢字の音で和語を表す「万葉仮名」が使用されていたが、その万葉仮名（漢字）を崩した文字が「ひらがな」として誕生した。すなわち、ひらがなはその成立時から日本語（和語）を表記するために選ばれた文字だと言える。小松（2004: 23）は、ひらがなは「美的な内容の和歌や物語などを書くために使用されることによって、美的な文字として洗練された」と述べている。また、この時代の社会実践が引き継がれ、ひらがなは現在でも書道の題材などとして芸術的な表現に使用される文字だと指摘する。

　上代から詠まれている和歌（短歌）は、後に「みそひと文字」とも呼ばれるようになるが、31拍からなる定型詩である。日本語の仮名は音節ではなく拍（モーラ）を表す。漢字が日本に導入された頃、中国の史書『魏志倭人伝』に「倭国の王」の「卑弥呼」などと記されていたように、日本の人名や固有名詞を漢字の意味に関係なく音を借りて書き表す「借音」法が使用された。歌集である『万葉集』ではこの「借音法」が使われ、「万葉仮名」として知られるようになった[2]。小松（2004: 2）は、平安時代のひらがな成立と

2　『万葉集』には、借音仮名の他に借訓仮名、そして漢字の意味を使用する表意的な用法もあった（今野 2013: 31-32）。

共に、短歌が 31 個の仮名連鎖として作られるようになり「耳で聞いて理解する短歌から、仮名を目で追って理解する和歌に変容した」と述べている。和歌が「ビジュアル・カルチャー」になった契機だとも言える。

　ひらがなを使って書かれた初めての勅撰歌集が『古今和歌集』（905 年）だが、その有名な仮名序に和歌とは何かが端的に表現されている[3]：

（1）　やまとうたは、人の心
　　　　をたねとしてよろつ
　　　　のことのはとそなれり
　　　　けるよの中にある人
　　　　ことわさしけきものな
　　　　れはこゝろにおもふことを
　　　　みるものきくものにつ
　　　　けていひいたせるなり
　　　　花になくうくひすみつ
　　　　にすむかはつのこゑをき
　　　　けはいきとしいけるもの
　　　　いつれかうたをよまさり
　　　　ける（以下省略　原文縦書き）

　（釈：やまと歌は、人のこゝろを根本として、さまざまの言葉となっているものであるよ。社会に生存している人は、触れる事件が繁多なものであるから、心に感ずる事も多いが、その感ずる事を、形ある、感覚的なものに託して言い現したものである。春の花に鳴く鶯、夏から秋にかけて水に住んで鳴く河鹿の声を聞くと、一切の有情の

3　国立国会図書館デジタルコレクション『古今和歌集：清輔本、上』（育徳財団編　1928）書籍 ID000000747289。現代釈は、窪田空穂『古今和歌集』（2018）電子版（やまとうた e ブックス）より引用。

ものの、どれといって歌を詠まないものがあろうか。)

　『古今和歌集』には、序章が（1）の仮名序と漢文の真名序の二種あるが、何より 1100 年も前に「やまと歌は人の心を種として・・・」という和歌の真髄を表す教えが、詩的な比喩（種が葉となって形を現す、など）を用いて書かれていたのは感慨深い。また、「人」「心」「中」「花」以外は、全てひらがな表記のこの和歌は、抒情的な和語の響きがビジュアルに表現されている。現代のポピュラーカルチャーにも「生きとし生けるもの」など、この仮名序から引用されている表現が多いのは、この抒情的な和語の響きが現代の日本語話者の心にも共鳴し、和文・ひらがな文特有の「雅」なイメージを現代作品に取り入れることができるからであろう。

　平安貴族にとっての和歌は、仕事や社交、縁談など社会生活に不可欠なスキルであり、特に唐風文化の衰退と、国風文化の推進という平安時代末の貴族社会を背景に芸術性を高めた。その芸術性の高揚に、言語機能と視覚芸術性を合わせ持つひらがなという文字が果たした役割は大きいと言える。ひらがなで書かれた和歌は、恋歌や哀傷歌など、人に贈る歌としても、貴族の社会生活に不可欠なものになり、季節や歌のメッセージに合わせた花を添える習慣もあった。また、和歌を書く素材も、和紙だけではなく、木の葉に書いたり、梅や、菊、橘などの花の香を焚きこんだ懐紙や唐紙に書いたりする風習もあり、歌に何が詠まれているかだけでなく、紙や花の選択も贈り主のメッセージの一つだと「解釈」され、和歌をどう詠むか、どう贈るかが主体の意図を伝えるために大事な要素だった。まさに、マルチモーダル・コミュニケーションの実践である。

　『古今和歌集』（原永本、本阿弥切本）の伝本が国立博物館のｅ国宝として公開されているが、紀貫之が書いたと言われる仮名序のページは「古今和歌集第一」と漢字で表題が示された後、「花」など漢字で書写されている和語もあるが、ほとんど全て連綿のひらがなで書かれている。また、この時代には

濁点も句読点も表記されていなかったのも分かる。連綿で書かれたひらがなの筆運びが美しく、書写されている紙も唐紙の金箔交じりや花の文様が浮き出る美麗なものである。当時の趣をそのまま写そうという意図だったのであろうか。大坪（1977: 294-297）は、平安時代に書道のスキルが重視されていたことを、『源氏物語』のエピソードを例に挙げて推測し、「書道は人々の生活に密着していた。ことに、女性の場合、文字の優劣は、和歌の巧拙と並んで、その人の一生の幸・不幸を決定する鍵でさえあった」と説明している。

　また小松（2004: 39）は、和歌を書き表すひらがなという文字は、鑑賞対象であるので「鑑賞にたえる華麗な料紙が選ばれ、書の名品が無数に生み出されている」とし、「それらは、まさに総合芸術とよぶにふさわしいものであった」と述べている。日本のビジュアル・カルチャーの発端が『古今和歌集』の時代にあったと言えるのかもしれない。また、現代のひらがなが「和風」「雅」といったイメージを呼び起こすのも、このような歴史的経緯があるからだと言える。

2.1.3.　ひらがなと虚構の物語

　ひらがなは、女性が使用した文字と言うことで、「女手」とも呼ばれた。一方、漢字は、真名（しんのな）と呼ばれ、ひらがなの仮名（かりのな）に対して社会的パワーがあったことを示している。平安貴族にとって、和歌が社会生活に欠かせないものであったのと同時に、漢文の読み書きも仕事上、不可欠なスキルであった。「政事」などに関する公的な書物は全て漢文で書くのが、当時の「規範」であり、古典中国語（漢語）で書かれた仏典、兵法、有名な漢詩などを理解するのも、男性貴族に必要なリテラシー・スキルであった。

　一方、当時の社会風習により、女性貴族が漢字を読み書きすることは、あまりいい事とされなかったようだ。ゆえに漢字は、男が使うという意味で「男手」とも呼ばれ、現代の「男性」と「漢語」などの連想も、この時代に

生まれたと言える。下記の（2）は、（1）の『古今和歌集』の仮名序を書いた歌人貴族、紀貫之の有名な『土佐日記』（935年）の冒頭からだが、「女性は、漢字を使ってものを書かない」という当時の通念を女性キャラクターに語らせている。

（2）　『土佐日記』（青空文庫）
　　　　男もすなる日記といふものを女もしてみむとてするなり

　（2）の『土佐日記』の冒頭で、女性には男性のような日記を書く社会慣習がないが、「してみよう」と言って書き始めた日記が、漢文ではなく主にひらがなを使用して書かれている。しかも土佐守の任務を終えた貴族、すなわち紀貫之に仕える女官の視点からの語りだ。このように、女性が漢文を読み書きするのは好ましくないとされていた時代を背景に、『土佐日記』を架空の女性キャラクターの視点で書くという作者の世界設定が、ひらがな表記という選択を可能にしたと考えられる。

　紀貫之は、先にも述べたように和歌の真髄を説いた歌人貴族であるが、架空キャラクターなど、多様な視点から語る虚構性のある物語ジャンルを発展させた人物でもある。『土佐日記』は、架空の人物・出来事が実在の人物や出来事などと交錯し、複数の視点・ヴォイスを作品に織り交ぜている。また、違うジャンルの文芸である和歌を挿入し、登場人物の細かな心情を描写するという間テキスト性に富んだ文芸作品である[4]。「男もすなる日記といふもの」は、漢文で書くジャンルのものであった。すなわち、漢文は男性貴族が公的な業務日誌を書いたり仏典を学習したりするためのものであり、登場人物の喜怒哀楽、心情を描写し多様な視点から語る虚構の物語とは全く違うジ

4　ここで言う「間テキスト性」はKristeva（1980）の定義に基づくものであり、あるタイプのテキストに他のテキストから表現を借用することによって意味が変化する現象を指す。第5章（5.1.7）参照。

ャンルのものだったのである。『土佐日記』は、「女もすなる」ひらがなで書かれたので、女性の視点も表現することが可能になり、『源氏物語』や『更科日記』などを残した後世の女性作家に大きな影響を与えた。そういった意味で、ひらがなは社会的な力を持ちえなかった当時の女性貴族たちに、新しい自己表現と創作の「場」を提供したと言える。

2.1.4. 時代のポピュラーカルチャー『竹取物語』

　ここで、日本最古の仮名文学として知られている『竹取物語』について、現代のポピュラーカルチャーの表現という観点から考察したい。『竹取物語』は、『竹取の翁の物語』という呼称でも知られ、『源氏物語』絵合巻に「物語の出で来はじめの祖なる竹取物語」と記されていることから、日本で最初に書かれた物語だと考えられている[5]。成立時期はおよそ10世紀前半までの間で、男性知識人によって書かれたと考えられているが実際は作者不詳で、成立時期についても諸説あり、謎が多い作品でもある。現存している伝本の一つ、1596年から1615年ごろに写された古活字十行本などが国立国会図書館で所蔵公開されているが、「いまハむかし竹とりのおきなといふ・・・」とひらがな漢字交じり文で書かれている。上代の口承物語が、平安時代にひらがなで文字化されたとも言われるが、平安文学に関しては文字表記が物語の世界観や登場人物の描写に果たす役割を考察する研究が少ない。

　その中で、斉藤（2012: 7-8）は記号論的な視座から国文学者の秋山虔や益田勝実の論説を引用して平安時代の物語を分析し、日本の口承物語と漢文表現の不一致性を指摘している。社会記号論的に言えば、日本の口承物語は和語で語られてきた物語なので、古代中国の物語を表現する漢語で書き表すと、表現される世界観や「ヴォイス」が違ってくるのである。このような理由で、

5　「京都大学所蔵資料でたどる文学史」より　https://edb.kulib.kyoto-u.ac.jp/exhibit/np/taketori.html（最終アクセス 2018.12.12）

平安時代に『竹取物語』などの説話において、ひらがなを使用することで、その虚構の物語を表現することが出来たと考察している。

また斉藤は、当時のひらがな散文の社会的な価値が低かったことを指摘し、物語は「漢詩文や和歌に比べて『二流の文学』であった」と論じている。すなわち、物語は、時代の「俗」な読み物とする扱いであったと考えられる。そのため『万葉集』で身分の低い作家の名前が不詳であったように、『竹取物語』などの平安文学でも、「二流文学」の作者の名前が明記されないことも予測でき、また「仮名文字による散文の書き手という低い地位に身をおくことによって、自由に虚構を綴ることが可能になった」と述べている。『竹取物語』は、内容や描写などから身分の高い人が書いたとされているが、紀貫之が『土佐日記』で、ひらがなを使用して虚構のキャラクターの視点から物語を書いたような土壌が、その時代に出来上がっていたのかもしれない。

ひらがなで書かれた物語が平安時代のポピュラーカルチャーだという捉え方は、現在に通じるものがある。現代でもポピュラーカルチャーは、社会が共有する言語表現や文字表記の規範を打ち破り、常に新しい表現法を追求することに価値が置かれる。それは、教科書や公文書のような文体や文字使用では、自由な発想を表現することができないからである。また、ポピュラーカルチャーのテキストは人々を「楽しませる」ためのものであり、時代の「規範」を破って自由に表現してもいいという社会が共有している認識があるからだ。そして、その表現法に文字が果たす役割は大きい。このように考えると、平安時代の物語も日本語が「ひらがな」という新しい記号資源を成立させたことで、「物を語る」表現手段が生まれ、新しい文芸ジャンルの成立につながったと考えられる。

2.1.5. 漢文訓読から生まれたカタカナ

ここまで、ひらがなについて考察したが、もう一つの表音文字であるカタカナは、ひらがなと同じく中国語の漢字から派生し、同じ日本語の音を表記

するにも関わらず、全く違った機能を持った文字として成立した。そして、カタカナは上でも見たように平安時代から戦後の日本国憲法が公布されるまで、公文書や男性が書く日誌などで送り仮名や振仮名として使用され続けてきた学術的かつ公的な文字であった。

今野（2013: 58-59）は、ひらがなが先に述べたような「日本語を書く場からうまれた」のに対して、カタカナは外国語である中国語で書かれた仏典や漢詩を訓読するという「僧侶たちの『学習の場』でうまれた」と論じている。奈良時代末期から平安時代初期にかけて、漢文で書かれた仏典などを訓読するようになったが、カタカナは漢文訓読のために漢字の両脇につけられた小文字の注意書きや漢字の振仮名、返り点などの符号として発生した。漢文訓読のための振仮名や送り仮名などは、漢字と漢字との字間や行間などの限られたスペースに書き込まなければならず、そのために「漢字の一部を省略して」カタカナが成立した（今野 2017: 81）。万葉仮名を草書化して成立したひらがなは、和歌や物語のビジュアルな美しさに貢献した「芸術的」かつ「審美的」な文字であったが、それに対してカタカナは公務的、学術的な書記活動を行う際の記号としての文字であったと言える。

大坪（1977: 275）は、このひらがなとカタカナの成立と機能の違いを、当時の貴族社会におけるジェンダーの役割の違いに結びつけて説明している。「略体仮名の発生と発達には、二つの基盤があった。その一は、男子による漢文訓読の世界であり、その二は、女子を中心とする和歌・消息・日記・物語などの世界である。そして、大まかに見て、前者では省文仮名（カタカナ）を主体とする略体仮名が発達し、後者では草化仮名（ひらがな）を主体とする略体仮名が発達した」[6]。

このように、ひらがなは「女子」、カタカナは「男子」というような連想がジャンルの違いに結びつき、ジェンダーを中核とする現代の文字のビジュ

6　括弧書きは、筆者が加えた。

アル・イメージが創出される一因になったのではないだろうか。その成立時の機能の違いがビジュアル情報の違いに結びついたことから、同じ音を現す表音文字であるにもかかわらず、後世になってもひらがな・カタカナは個別に存在し、それぞれ違った表現を創出しながら現代に至ったと考えられる。

2.1.6. 和文・漢文・和漢混淆文

　日本語を外国語として学ぶアメリカ人学習者が苦労するものの一つに、漢字習得が挙げられる。漢字の形を覚えるのも大変だが、何より苦労するのは一つの漢字に複数の読み（音）や、形、意味（義）があることだ。たとえば、「外」や「冷」という漢字のように、教科書に載っている漢字や辞書に載っている漢字と、手書きの漢字の字形が違っている場合がある。また、漢語と和語の意味の違いなどが英和辞典を引いただけでは理解しにくく、その結果、日記ブログに「きのう、大学の友だちと一緒にスタバで会談した」などと書くことがある。たしかに友人と会って「話した（talked）」のだから間違いではないが、漢語の「会談（talk）」は、カフェで友人と話すような私的なイベントではなく、政府の要人が何かについて話し合うような、もっと公式なtalkイベントを指す。また、現代の日本語は、漢語や英語なども混用する文体で書かれている。たとえば、エッセイスト熊井明子氏の『私の部屋のポプリ』（1976）という随筆集に収められている「セシリアの石の薔薇」には次のような混合文が見られる。「電話帳ほどの大きさの洋書〈工作百科事典〉（クラフト・エンサイクロペディア）を古本屋で見つけました。ありとあらゆる美術・工作の方法がくわしく書いてある中に、RUBBINGという、見なれない項があります」。縦書きで書かれたエッセイ集なのだが、話題が外国の話になるため漢語に加えて英語も「和文」に取り込まれた「混合体」になっている。日本人はこのような混合文体に慣れているので当たり前に思うが、外国人学習者のような「外」の視点に立って改めて現代日本語の言葉と文字や文体を観察してみると、その多様性、ハイブリッド性に気付かされる。そして、そのハイ

ブリッド性は、実は平安時代から日本語に見られる現象であったのだ。

　前項で、カタカナが漢文訓読の場で生じたということを述べたが、本項では、そのカタカナが振仮名として外国語である漢語を日本語に取り込んでいった経緯を検討する。初期の振仮名は、中国語を日本語として読む「漢文訓読」に使用され、文脈によっては一つの漢字（漢語）に二つ以上の和語を当てたり、逆に一つの和語に複数の漢字（漢語）を当てたりした。たとえば、「オモフ」という訓読み（和語）が当てられた漢字は「欲」「念」「思」「憶」などさまざまで、漢字と訓の関係は、一対一ではなく多対多であったと言える（林 1977: 170，今野 2009: 70-71）。中国語を日本語に「翻訳」して読むわけであるから、一つの和語が一つの漢語の意味と常に対応するとは限らない。

　720 年ごろに成立したとされる『日本書紀』の例から観察する（今野 2009: 66-69）。「（推古）三年の夏四月に、沈水、淡路嶋に漂着れり」という記事の「漂着」という漢語には「ヨレリ」と和語で振仮名が付けられている[7]。「沈水」というのは、現代でもお香などに使う香木の一種、沈香のことだが、この香木が淡路島に流れ着いたというような文脈では、漢語「漂着」を「ヒョウチャク」と読ませるのではなく、「ヨレリ」と和語に言い換えている。このように、漢語（中国語）にカタカナで和語（日本語）「ヨレリ」と振仮名がつけられたことで、「漂着」という漢字を軸に「ヨレリ」（日本語）と「ヒョウチャク」（中国語）という二つの言語の語形がつながったと考えられる。すなわち、漢字という表意的な記号が和語と漢語をつなぎ、和語に漢字をあてると同時に、漢語を日本語として取り入れる機能を果たしたと見られる。

　このように和語に漢字があてられ漢語が外来語として日本語に定着する中、平安時代末期、鎌倉時代に入る頃から、ひらがなのみ、もしくは「ひらがな漢字交じり」で書かれていた物語ジャンルにも漢字使用が増え、「漢字ひらがな交じり」「漢字カタカナ交じり」「漢文調」など、さまざまな文体が出現

7　今野（2009）のこの例は、東洋文庫の岩崎本がデータに使用されている。

するようになったと言われている。今野（2013: 106-110）の例を紹介すると、13世紀前半頃に成立した『宇治拾遺物語』の第39話と「同話」とされている『今昔物語』（平安時代末期に成立）の巻29の第31話では、文体が明らかに違っている[8]。『宇治拾遺物語』が、ひらがなにいくつかの漢字が交じった「ひらがな漢字交じり文」で書かれているのに対して、『今昔物語』の方は、「漢字カタカナ交じり文」で書かれていて、明らかに漢文調を意識して書かれたのが見て取れるが、実際は、和語に漢字が当てられているのが多く、今野は、これを「日本的漢字使用」と呼んでいる。

　この後、貴族社会が武家社会に取って代わられ、『源氏物語』などを代表とする平安貴族の「物語」というジャンルが、歴史上の合戦や武勇伝を伝える「軍記物語」ジャンルに取って代わられた。それと同時に、鎌倉時代初期に成立した『平家物語』の頃から、「和漢混淆文」が出現し、明治時代にまで引き継がれていくことになる。「和漢混淆文」とは、「和文 / ひらがな文」と「漢文訓読文」とが混交したもので、この時代以降、『平家物語』をはじめとする軍記物語を中心に広まったと言われている。

　『平家物語』は、現代でも高校の古典の授業などで紹介されるだけでなく、小説、能、歌舞伎、人形浄瑠璃、映画、ゲームや、マンガとしても制作される、大変人気のある物語だ。今野（2013: 114-132）は、『平家物語』の漢文調、漢字ひらがな交じり文や、ほとんどひらがなで書かれているものまで、さまざまな表記の伝本を紹介していて興味深い。たとえば、「平松家本」と呼ばれる漢字ばかりで書かれた『平家物語』は、カタカナで送り仮名や振仮名が漢字の脇に書かれていて、見た目が「漢文」調なのだが、今野が指摘するように「漢文式」に書かれている箇所はあまり多くなく、むしろ「日本語の語順のままに漢字に置き換えているという書きかたが採られている」（同: 116）。すなわち、日本語として読める形を保ちながら、ビジュアル的に漢文調に見

8　『宇治拾遺物語』は寛永（1624 ～ 1644）頃に書写された龍門文庫蔵本、『今昔物語』は「鈴鹿本」から引用されている。

えるように書かれたと考えられる。

　虚構性のある物語以外のジャンルを見てみると、平安時代から引き続き、男性の日記、書記など公的な書物は漢文で書かれ、和歌や連歌はひらがな漢字交じり文が見られた。また、「大日本帝國憲法」のような公文書は漢文や、漢字カタカナ交じり文で書かれた。その中で、『平家物語』などの物語ジャンルに、多様な文体とそれに伴う表記が見られるのは、非常に興味深い。違う時代に物語を書く人、書き写す人が、それぞれの時代の表現を反映する文体や表記を選んだのか、またオーディエンスを意識した意図的な選択なのかは、時空をさかのぼって、写した本人に聞かなければ分からない。しかし、熾烈な戦いを描写する現在の戦闘系マンガや戦記ファンタジーなどが、時代の「規範」を超えて、ひらがな、カタカナ、ローマ字に加えて、あえて難解な漢字語表現を多用して表現するように、虚構性を楽しむ「物語」ジャンルには時代を超えた表記の「詩学」が存在したのかもしれない。

2.2.　外来語の表記

2.2.1.　日本語のローマ字綴り

　日本語にとって、最初の外来語は中国語であった。そして、日本語は、戦国時代に初めてラテン文字を使用するヨーロッパ言語に遭遇する。有名な宣教師、フランシスコ・ザビエルを筆頭に、ポルトガルなどからのキリスト教宣教師たちが来日した 16 世紀半ばから 17 世紀前半にかけて、日本語をラテン文字で表記した、いわゆる「キリシタン文献」が出現する（今野 2015: 116）。日本におけるローマ字文献の誕生である。ここで、まず本書で使用する「ローマ字」の定義について説明する。

　本来、ローマ字とは、「ラテン語を表記するのに用いる文字」（広辞苑第 7 版）のことである。国語学大辞典（1980）には「古代ローマで完成し、ラテン語を書いたのでローマ字と呼ばれる」と記されている。本書では、これら

の定義に準じ「ローマ字」は、ラテン語を表記するアルファベット（Roman Alphabet）だとし、日本語を綴る場合も英語などの外国語を綴る場合も合わせて「ローマ字」と呼ぶ。しかし、日本では「ローマ字」が、日本語の「ローマ字綴り」という意味で使用される場合が多いので、必要に応じて説明を加えることにする。

　ローマ字綴りとは、日本語の場合「ローマ字で日本語を綴ったもの」であり、今のところローマ字そのものが、ひらがな・カタカナのような日本語の文字体系であるとは言えない。本書で、日本語は「4種」の文字を「持つ」、もしくは「日本語の4種の文字」とするのは、日本語の書記コミュニケーションにおいて、漢字・カタカナ・ひらがな・ローマ字の4種の文字が混用されるからである。かつて漢字が、外国語である中国語を表記する文字であったのが、漢文訓読により日本語の言葉を表記する文字となったように、可能性としてローマ字も将来的に日本語の言葉を表記する4種目の文字体系となるかもしれないが、もしそうなら、現在はその過度期だと言える。戦後の日本語でもローマ字を、日本語の文字にしようとする動きがあった（茅島 2012）。第6章で、日本のポピュラーソングが日本語と英語のコードを混用する例を検討するが、そこで改めて、その可能性について考察したい。

2.2.2.　ローマ字綴りのキリシタン文献

　先に述べた「キリシタン文献」のローマ字は、日本語をポルトガル語式のローマ字で綴ったものであるが、当然ポルトガル語と日本語は音韻体系が違うため、「標準的」な表記が成立するには時間がかかったようだ。1604年に長崎で、イエズス会のキリスト教の宣教師が、日本人信者と共に『日葡辞書』を編纂したが「そのつづり方は、ポルトガル・イスパニアの正書法を手本とする当時の日本語の転写法」であったと言う（日下部 1977: 347）。また、同辞書には、当時の天草地方などの方言も記載されていたようで、日本人がどう話していたかを知る貴重な資料になる（村田・前川 2012: 157-158）。今野

（2015: 129-138）は、外国語の音韻体系を基にローマ字で表記された文献によって、国字の文献からは判明できない日本語の発音が鮮明になると述べている。たとえば、「仮名は表音文字であるが、明治期中頃まで濁音音節を積極的には表示していなかった」が、ローマ字で書かれた『エソポのファブラス』（イソップの寓話）にはその区別がされていた。

　鎖国政策を取った江戸時代には、オランダ語式の日本語ローマ字綴りが、ドラマや小説などでも有名なドイツ人医学者、シーボルトなどの残した文献に見られるが、/r/ と /l/ を混用していたなど、さまざまなバリエーションが存在したことが分かる（国語学大辞典 1980）。このようなバリエーションは、音韻体系の違う言語が出会うときには、必ず起こる現象で、明治時代に急増した欧米からの外来語を、漢字やカタカナで表記しようとした試みをはじめ、現在にも見られる現象である。次項で、その例をいくつか検討する。

2.2.3.　外来語のカタカナ表記

　テクノロジーに関する外来語が氾濫する 21 世紀の現在のように、明治時代は、文明開化という旗の下、急激に増えた外来語を日本語で表すためのさまざまな試みが見られ、新しい表記法を模索した時代であった。室町時代にポルトガルから宣教師が日本にやってきた時も、「南蛮菓子」を表す言葉など、多くの外来語が入ってきた。現在でも使用されている言葉も多く「金平糖」「オルガン」「カルタ」「パン」などがよく知られている。明治時代が室町時代と異なるのは、入ってきた外来語の分野と数のスケールだと言える。哲学や教育、政治、経済、科学、芸術など、さまざまな分野の外来語を漢字やカタカナで表記することを試みた時代であった。和製漢語は主に語義を、カタカナは人々に馴染みがない外国語の原語の音をビジュアルに表そうとする意図があった。しかし、その表記も、バリエーションが多く混沌とした時代であったことが当時の記録から伺える。

　たとえば、平成 3 年 6 月 28 日付の内閣告示第二号『外来語の表記』には、

次のような明治時代の表記が紹介されている[9]。

（3）前書きの4で過去に行われた表記のことについて述べたが、たとえば、明治以来の文芸作品等においては、下記のような仮名表記も行われている[10]。

　　キ゚：スキ゚フトの「ガリワ゚ー旅行記」　ヱ：エルテル　ヲ：ヲルポール
　　ワ゚：ワ゚イオリン　キ゚：キ゚オロン　ヱ゚：エ゚ルレエヌ　ヲ゚：ヲ゚ルガ
　　ヂ：ケンブリッヂ　ヅ：ワーヅワース

　現代の日本語でも、明治時代の文芸作品や作家の名前には（3）のような「旧片仮名表記」を使用するメディアがある、という但し書きである。これら「旧片仮名表記」は、現代の日本語にはない音が、上代・中古、そしておそらく中世の日本語には存在していたことを示唆する。たとえば、「キ」は、『万葉集』が編纂された奈良時代には存在していたという子音と母音を合わせた1音節 /wi/ を表し、/i/ の音と区別されていた。奈良時代から平安時代のはじめにも、その区別は存在し、仮名が成立した時も、人々が「イ」と「キ」の違いを仮名文字の表記の違いで区別していたと考えられている。しかしその違いは、平安末期の1000年頃から、「御者」「収」「治」などの訓読に、/を/ と /お/ の音を区別しない表記の振仮名が見られるようになり、その後「イ（i）とキ（wi）、エ（ye）とヱ（we）、の間にも混同が目立ってきた」と言われている（大野 1977: 304）。上で見た「キリシタン文献」の『エソポのファブラス』（イソップの寓話）は、1592年から1593年にかけて天草で印刷されているが、この寓話集からも、「こえ（声）」が「coye」と表記され

9　文化庁国語施策・日本語教育　内閣告示・内閣訓令 http://www.bunka.go.jp/kokugo_nihongo/sisaku/joho/joho/kijun/naikaku/index.html（最終アクセス 2018.9.15）
10　http://www.mext.go.jp/b_menu/hakusho/nc/k19910628002/k19910628002.html（最終アクセス 2018.9.15）

ていた例などが見られ、「エ」の発音がヤ行のエだったことが分かる（今野2015: 137）。

　一方、明治時代のワ行のカタカナ「ヰ」、「ヱ」、「ヲ」は、/wi/、/we/、/wo/という音を既に失い、ア行の/i/ /e/ /o/と同化されていたはずである。それにも関わらず、もとの音があるかのように表記されていたと言える。たとえば外国人作家の名前「(Jonathan) Swift」が、「スキフト（スヰフト）」、「Werther」が「エルテル（ヱルテル）」「Walpole」が「ヲルポール（ウォルポール）」と、ワ行の「架空の音」を使ってなるべく原音に近いような「ビジュアル・イメージ」で表記されていた。(3)の「ヸオロン」は、フランスの詩人ヴェルレーヌの詩を上田敏が「落葉」の中で「秋の日のヸオロンのためいきの」と訳した一節で有名になった。江戸時代ごろから濁点「゛」を使って清音と区別して表記するようになったようだが、/vi/の音を「ヰ」/(w) i/に「゛」をつけて表記したのが「ヸオロン」だ。

　このように、(3)にリストアップされているような明治時代の文芸作品に見られる文字表記の例は、実際の発音を反映しているわけではなく、当時、学識者に共有されていた表記の約束事、もしくはコード化された記号としてカタカナを使用したケースであったと分析できる。その証拠に、日本で教育を受けずにアメリカに渡り、その後日本に戻った中濱万次郎（ジョン万次郎）が、1859年に『英米対話捷径』を編集した際、英語「well」の音を日本語で表記するのに「ウワエル、ウアヘル、ワイル」などと、工夫して振仮名を振ったと言われている（今井 2012: 49）。今井は、もし、ワ行の「ヱ」が、/we/と発音されていれば「ヱル」ですんだはずだが、明治時代にはすでに/w/の音が失われていたので、コード化された記号としての「ヱ」に通じていなかった中濱は、「ウワエル、ウアヘル、ワイル」のような表記を考案したのであろうと指摘している。

　さらに、今井（2012: 53）が引用している『福沢諭吉全集　第1巻』「緒言」（慶應義塾 1958: 24-5）には、福沢自身が、/v/の音を表記する方法を考案

したのは自分だと述べている。福沢は、英語の /v/ の表記を原語の「正音」に何とか近づけようと、試しに「ウ」と「ワ」に濁点をつけて「ヴ」「ヷ」と表記したが、それは自分が思いついた「新案」だったと語っている。その「新案」は、現代のマンガで、ひらがなの「う」に濁点をつけて「う゛」と表記し、痛い様子を強調する試みと似ている。

　このように考えると、(3) に載せられているような明治時代の外来語の表記は、実際の音を表す記号ではなく、ある意味、ビジュアル記号として創作され、コード化されたと言える。2.2.2. でも述べたが、外国語の音は日本語の音韻体系に含まれていないものが存在するので、日本語の文字で表記するには何らかのコード化が必要であったのだ。

　現代でも、カタカナには表記のバリエーションが存在し、その違いから多様な意味を表出することができる。たとえば、英語の「v」などの日本語にない音をカタカナで表記する際、「バイオリン」「ヴァイオリン」など、いくつかの選択肢が存在する。マンガなどでは、それを英語の発音が母語話者に近いキャラクターと、そうではないキャラクターを描き分けるレトリックとして使用する場合がある。その一例が競技ダンスをテーマに描かれている少年マンガ『ボールルームへようこそ』(2014) に見られる。

　この作品の1場面で、英語が堪能で国際的に活躍するプロの日本人ダンサーマリサの発話に「ヴァリエーション」を使用し、同じ場面で主人公の多々良が回想する、前のダンススクールの先生の環の発話には「バリエーション」と表記しているのだが、国際経験が豊富なマリサと、そうではない日本人の環の差別化にカタカナ表記のバリエーションが利用されている。

(4)　『ボールルームへようこそ』第7巻　（竹内 2014: 171）
　　　マリサ：たたらくん／今の振付にはもう／慣れてきた!?_{ルーティン}
　　　多々良：はい!!
　　　マリサ：Ｔ・ベーシックって／やっぱり地味だと／思わない!?_{タンゴ}

多々良：（⁉）あっ　はい！

マリサ：そうよね・・・/やっぱり決勝で/白けるわよね・・

多々良：えっ・・

マリサ：いくつか/ヴァリエーションを/入れましょうか！

多々良：ヴァッ・・⁉

（多々良の回想）

環：「バリエーションっていうのは/ベーシックを高度に/
変化させたフィガーのことで/難易度やオリジナル性も幅広いのよ」

　二つ以上のバリエーションをもつカタカナ表記を並記することで、二人の
違ったキャラクターやアイデンティティ、属性を描写することができる。文
字が、言葉の音を表すだけでなく、そのビジュアル性で多様な意味も表現す
る例だと言える。

2.2.4.　文字のビジュアルな表現力

　ここまで、平安時代の和歌・物語に使用されたひらがなから、明治時代に
外来語を書き表わすのに使用された「旧片仮名表記」までを概観してきたが、
21世紀の現代にも、ポピュラーカルチャーや、文芸、イメージ広告などを
中心に過去の表記法の名残が残されている。たとえば、NHKの朝ドラでも
有名になった「ニッカウキスキー（Nikka Whisky）」などのブランド名や、ア
ニメ映画のタイトル『ヱヴァンゲリヲン新劇場版』、『King of Prism』の架
空のキャラクター名「如月ルヰ（Louse）」などに、（3）のような旧片仮名表
記が意図的に選ばれている。現代では使用されない表記を選んだ理由は諸説
あるだろうが、社名やアニメ作品のタイトル、キャラクターの名前にはそれ
ぞれ「想い」や「情意」が込められていて、詩的な表現法として機能してい
ると言える。

　メイナード（2012: 188-189）が分析するライトノベルにも、明治時代に福

沢諭吉が試みたような創作法が見られる。ライトノベルとマンガというジャンルは、クロスジャンル的なところがあり表現法が似ている。たとえば、先にも検討したが、有声音に濁点をつける表現「ん゜も゛〜！」（夏目 1999: 84-85）や母音に濁点をつける「・・・・・え゛っ・・・・・!?」「・・・・・う゛っ・・・・・」（メイナード 2012: 189）などの表記は、近年のマンガによく見られるが、ライトノベルにも見られる表記法である。濁音は清音に比べて、「音が濁ってボリュームが大きい」様子を視覚的に強調するレトリックで、明治時代に英語の「ワ゛イオリン（violin)」やフランス語の「キ゛オロン（violon)」など、原語に近い音を、与えられた文字を駆使して視覚的に表現しようとした試みと似ている。

　このように考えると、本書の序章でも引用した国語学者、山田孝雄（1935）の文字観の正当性がよくわかる。繰り返しになるが、山田が考える文字の本質は次の3つである。(1)「文字は思想、観念の視覚的、形象的の記号である」(2)「文字は思想、観念の記号として一面、言語を代表する」(3)「文字は社会共通の約束によつて成立し、又その約束によつて生命を保つものである」(2009: 36)。次章では、この日本語の文字のビジュアル性を説いた山田の分析を、マルチモダリティを主張する社会記号論の視座から検証する。

第3章　文字のマルチモダリティ

3.1.　文字表記の「意味」

3.1.1.　文字種の「イメージ」

　日本語の文字の成立を概観すると、表記体系が大きく変わる時期には必ず外国との接触交流や、時代の大きな転換があることが明らかになる。新しい言葉が、概念や文化と共に導入されると、その「外国語」も日本語化されるが、それに伴って、受け入れる日本語も従来の形態を変えることになる。言葉と文字は常に社会と「対話」して変化していくからである。グローバル化する21世紀の現在、IT技術の発展やWeb2.0テクノロジー、そしてソーシャルメディア（SNS）の台頭などを背景に、英語などの外国語が日本語と混用され、日本語の言葉と文字の大きな転換期に突入している。コミュニケーションの形態も変化し、若者を中心にインターネットや携帯電話を通じたコミュニケーション活動の比重が大きくなり、それと共に、文字やイメージ優先のコミュニケーションが、あらゆるメディアに見られるようになってきた。

　そのようなコミュニケーションにおいては、対人コミュニケーションの表現リソースである声のトーンやボリュームなどの聴覚情報、そしてジェスチャーや表情などのビジュアル情報が、長音記号や感嘆符として文字化されるようになる。また、SNSが台頭する前の時代は、対人コミュニケーションと書記コミュニケーションが距離を保ち、戦後、多くの文書が口語体で書かれるようになっても「書き言葉」らしいスタイルがあった。一方、SNSを中心として、インターネット上での双方向コミュニケーションが普及した現

在は、「書き言葉」と「話し言葉」の境が曖昧になってきている。佐竹(1995)が「新言文一致体」と呼ぶスタイルや、石黒(2007)の「第3次言文一致体」、メイナード(2012)の「会話体文章」が、現代の「書き言葉」と「話し言葉」の境界の曖昧さを表現している。本章では、そんな時代の文字の表現と機能に注目し、それを社会記号論の枠組みで分析する。

　第2章で、日本語の文字の歴史的経緯を概観した。その4種の文字は同じ言葉を表記しても、それぞれ違った「イメージ」を表出することがある。画像1は、2014年にメルコ・クラウン・エンターテインメントという会社が、日本の着物文化の存続と発展を目的に、CSR（Corporate Social Responsibility 企業の社会的責任）活動の一環として行ったデザイン・コンペティションのポスターだが、文字のグラフィック性を活用したデザインになっている[1]。

画像1　© designboom 1999-2018, some rights reserved.

　このポスターは、斬新な日本髪風のファッションモデルが、芸者のように着物を装っているが、そのイメージに重ねられて「着物」「きもの」「KIMONO」と同じ言葉が、3種の違う文字で表記されている。文字の配列は、ひらがな「きもの」が縦書きにされて、横書きで左寄りの漢字「着物」と、横書きで右寄りのローマ字「KIMONO」を繋ぐようなデザインになっている。

---

[1] このポスターは、次のDESIGNBOOMのサイトから閲覧可能になっている。https://www.designboom.com/dare-to-dream-design-awards-call-for-entries-japanese/（最終アクセス 2018.8.16）

そして、ローマ字「KIMONO」の下には、振仮名のように「SAVE the LEGACY, CREATE the FUTURE（伝統を守り、未来を創ろう）」と英文で、プロジェクトのキャッチコピーが書かれている。また、真ん中に目立たないサイズの赤フォントで、広告の趣旨「DARE to DREAM DESIGN AWARDS in TDW 2014」と表記されている。モノクロ写真に白い文字フォントと白粉を塗ったモデルの顔、そこにモデルの目尻のシャドーと口紅の「ジャパン・レッド」という赤が加わり、「日本」をイメージしている。

　この広告は、2014年に日本の新聞や雑誌の広告として掲載されていた。日本語で書かれているため、主なオーディエンスは日本語話者であるが、下の公募情報を見るとグローバルなオーディエンスも想定しているようだ。

　　　メルコ・クラウン・エンターテインメントは、この度、DESIGNBOOM
　　　の協力のもと、CRS活動「Dare to Dream」（不可能を可能にする）の1つ
　　　として、「着物×きもの×KIMONO」プロジェクトを発足し、その一環
　　　として「Dare to Dreamアワード」（以下「コンペティション」といいます）
　　　を開催します。この「コンペティション」を通して日本の着物文化の存
　　　続と発展を支え、着物の歴史、伝統、そして美に対する正しい理解を未
　　　来に繋げていきたいと考えています。
　　　このコンペティションには、世界中から国籍、性別、年齢、プロ、アマ、
　　　学生を問わずどなたでも応募できます。参加費は無料です。

　ここで注目したいのは、上の説明文がなくても日本語話者が画像1のポスターを見ると「着物×きもの×KIMONO」という3種の文字列記から、日本の伝統である「着物」を、今の「きもの」からグローバルな「KIMONO」に進化させよう、などというようなメッセージの解釈ができることである。少なくとも、並記された3種の文字がそれぞれ違ったイメージを表出していることが感じられる。このような例は、文字表記自体にもなんらかの意味が

あることを示している。同じ言葉を同じ文字種で繰り返して書く「きもの×きもの×きもの」や「着物×着物×着物」「KIMONO × KIMONO × KIMONO」からは、3種の違う文字種を使って繰り返す「着物×きもの× KIMONO」が表すような意味が生成されないからである。

このような日本語の文字のビジュアル性による意味についての研究は、まだ非常に限られているが、次項では、日本語の談話分析に社会記号論を用いた先行研究を紹介し、本書の分析のよりどころにする。

3.1.2. メイナード（2008）

メイナード（2008）は、Kress & van Leeuwen（1996）や Stöckl（2004）が提唱するマルチモダリティ理論を日本語の談話分析に援用している。社会記号論は、人が意味を構築するプロセスを、社会との関係の中で体系的に分析する学問だ。社会記号論を説いた Hodge & Kress（1988）や Kress & van Leeuwen（1996）は、音やイメージ、香り、触感、言語など、われわれの社会生活に意味を与える全てが「記号（sign）」であると主張し、従来のバーバル記号（言語記号）のみを分析対象とする記号論を否定している。本項では、メイナード（2008）の分析の中で、文字のマルチモダリティに関するデータを中心に検討する。

3.1.2.1. バーバル記号とビジュアル記号の「相乗効果」

まず、メイナードの分析から、小正醸造株式会社の「小鶴くろ」という鹿児島県産の薩摩焼酎の雑誌広告を紹介する（150）。この広告は、広告対象の商品が「くろ」という焼酎であるためか、「基本的には白地に黒という色使い」で、ヘッドライン、サブヘッドライン、コピーなどが、全て黒でデザインされている。また、Stöckl（2004）が分析しているような活字イメージ（typographic image）の例も、焼酎のラベルに見られる。このラベルのデザインを、メイナードは次のように分析している。「『くろ』はひらがなになって

いて、力強くスピード感のある筆による文字である。これは『黒潮』（特に鹿児島の海）などに関連して、男らしい力強さを感じる商品名を強調した文字のビジュアル化である」。さらに「ラベルからは、鹿児島という土地に独特のたくましさや男らしさを主張する声を聞き取ることができる」と説明している。

確かに、この広告の「くろ」という文字は、力強い毛筆のイメージでデザインされている。通常、書道でひらがなが用いられるときは連綿で書かれ、日本の仮名文学や和歌に見られるような細く柔らかい筆運びから女性らしさを感じさせるが、この広告のラベルのひらがな「くろ」は、太字で力強く書かれ、「く」と「ろ」が離れている。そして、それぞれの文字が黒潮の激しい流れを思い浮かべることができるような力強い墨の「かすれ」を見せているのだ。この縦書きラベルの活字イメージは、広告の縦書きテキストの文字と「一体化」し「商品を日本的な文化の中に位置付けようとしている意図が感じられる」（152）。メイナードは、Barthes（1977）の研究を引用し、この広告には、テキスト、文字のフォント、レイアウト、色、活字イメージ全てに、「男らしさ」という意味の統一性が見られ、それらは「バーバル情報とビジュアル情報が単に加算されるというより、もともとのテキストをより高度のレベルに持っていく相乗効果である」と、分析している。この「相乗効果」は、Kress & van Leeuwen（2001）の主張する「マルチモーダルな意味」だと考えられる。

3.1.2.2. 活字イメージと「楽しさ」の表現

次に、クリスマスの季節に雑誌に掲載されたモランボンのステーキソースの広告を紹介する（155-159）。この広告が消費者に伝えたいメッセージは「クリスマスにモランボンのステーキソースをかけて一段とおいしいステーキを食べよう（156）」といった情報であるため、クリスマスを連想させる色や、イラスト、活字イメージなどが豊富に取り入れられている。その中で、カタ

カナで表記されたヘッドライン「クリスマステーキ」に注目したい。このヘッドラインは、日本式のクリスマスから連想される「クリスマスケーキ」とも韻を踏み、一見、「クリスマスケーキ」と読めてしまうような錯覚を起こしてしまうほどだ。メイナードは、この例を次のように説明している。

> モランボンの広告で注意したいのは、『クリスマスケーキ』という文化的背景に『クリスマステーキ』を置くというしゃれである。『クリスマステーキ』という表現は、そのままでは意味がはっきりしない。クリスマスには『クリスマスケーキ』を食べるという習慣があること、そしてそれにあえてチャレンジするというメッセージとして読んで初めてその意味が生きてくる。(158)

「クリスマステーキ」というヘッドラインは、バーバル記号のビジュアル化としても分析されている。このカタカナ表記のヘッドラインは、音符のような「飾り文字」になっていて、周りにちりばめられた星やヒイラギの絵と共にクリスマスの雰囲気が強調されている。この例も、Stöckl（2004）が主張するバーバル記号とビジュアル記号が融合した活字イメージ（typographic image）であると分析されている。メイナードは、このデザインから「クリスマスは楽しいものだという遊びの雰囲気をかもし出す」と説明している。

3.1.2.3. 夢を与えるローマ字

続いてメイナード（2008）は、『JJ』という若い女性向けファッション雑誌に掲載された沖縄の免税店の広告について分析している。この広告は「砂浜の白、女性の黄色いブラウス、女性の日に焼けた褐色の腕が、多くのスペースを占める。さらに、女性の腕の向こうに広がる沖縄の海はコバルトブルーで、その彼方にはセルリアンブルー（明るい空色）の空が広がる。空には白とグレーの雲、そしてヘッドラインは白、そしてページ右下のショッピング

バッグは赤、その赤を背景に白い DFS GALLERIA OKINAWA の文字が浮か
び上がる (159)」。しかし、この広告で何よりインパクトがあるのは、女性
の褐色に焼けた肌に残る広いショッピングバッグのひもの跡だ。そのすぐ下
に、ひも付きのショッピングバッグがデザインされていて、女性がビーチよ
り買い物に夢中になっているイメージを視覚的に表現している。

　この広告では、沖縄の免税店の名前が、ローマ字で表記されている[2]。メ
イナード (2008: 160) は清水 (2007) の分析を引用し、アルファベット (ロー
マ字) のブランド名にはアイコンのような効果があり「新しさ、インターナ
ショナルな雰囲気、ファッション性などを伝え」、「人々に夢を与える」機能
があると述べている。

　アメリカの文芸評論家 Burke (1950) は、メディアの説得性は個人がメデ
ィアコンテンツと自分を同一視する (identify) プロセスであると述べている。
たとえば戦場で食糧を探し求める人に、パリのエッフェル塔の前でフランス
製のブランド物のドレスを着ているモデルの広告を見せても全く消費への訴
求効果がないが、そういったライフスタイルに憧れている人たちには、強い
影響を与える (松田 2014: 31)。この「DFS GALLERIA OKINAWA」の広告
のように、イメージで訴求効果を高める広告を、アメリカのマーケティング
用語で「ソフトセル広告」と呼ぶ[3]。上の焼酎やステーキソースの広告を始
め、メイナード (2008) が分析している広告は全てソフトセル広告だ。この
タイプの広告は、人々の情感に訴える表現を用いて読者が同一視できるいい
イメージの世界を連想させる。つまり、この沖縄の免税店の広告に使用され
ているローマ字は、ファッション雑誌の主要読者である若い女性たちに、国
際的で洗練された女性と自分を同一視させる記号として使用されているのだ。

2　第2章でも述べたが、本書でいう「ローマ字」は Roman Alphabet を指し、日本語を表記する
アルファベット文字も英語を表記するアルファベット文字も合わせて「ローマ字」と呼ぶ。
3　「ソフトセル」に対するのが「ハードセル」広告で、「商品の効用を直接訴求する広告・販売
法」である (デジタル大辞泉　小学館)。

文字にビジュアル情報があるからこそ、可能な訴求方法だと言える。

3.1.3. 縦書きのローマ字表記

　一方、ローマ字がいつも欧米のイメージを与えるとは限らない。岡本 (2008) はアルファベットが縦書きで表記された場合、日本人としてのアイデンティティを表すことができると指摘している。メイナードと同じく、岡本 (2008) は Kress & van Leeuwen (1996) のビジュアル・デザインの概念を援用し、朝日新聞のスポーツ面に掲載された野球選手のイチローに関する記事を分析している。イチロー選手は、2001 年に日本のプロ野球から米国のメジャーリーグに移籍したのだが、岡本は、その年の 1 月 1 日、3 月 1 日、そして 4 月 4 日付の 3 時期の記事を引用し、イチロー選手の名前の表記にどのような変化があるかを観察している。

　まず、1 月 1 日の記事は、コラムの横書きヘッダーに「イチローから /ICHIRO へ」と 2 行で表記されている。この表記について岡本は、「まだイチローがアメリカに渡る前であり、日本の『イチロー』からアメリカの、または世界の『ICHIRO』に進化するという意味を文字種のシフトによって読み取らせることができる (43)」と分析している。また、「横書きだけでなく斜体になっていることで左から右へ、つまり現在から未来へという時間の変化と共にイチローのアイデンティティが変化していくことも伝えようとしているのではないか」と述べている。

　オープン戦前の 3 月 1 日付のコラム記事のヘッダーは、イチロー選手が所属するシアトルマリナーズの野球帽のアイコンの下に、一本の傘に一緒に入る二人のように名前が縦書きで 2 列、右がローマ字「ICHIRO」、左がカタカナ「イチロー」で表記されている。この表記について岡本は「まだ本戦前のオープン戦の期間である。そのため縦書きでカタカナとローマ字を並列させているところに日本人としてのイチローがまだ残っているという意味創出がなされている」と分析する。

第3章　文字のマルチモダリティ　63

しかし4月4日の本戦が始まってからの記事は、同じ野球帽のアイコンの下に、縦書きでローマ字表記の「ICHIRO」だけが一列で表記されている。この変化を岡本は、カタカナが消えても、通常横書きで書かれるローマ字を、あえて縦書きにすることで「イチローが日本人であるという意味を創り出し伝えているのではないか」と述べている。このように、岡本は新聞の表記にも、日本語の文字がそれぞれビジュアル記号として機能することを示している。また、縦書き、横書きというレイアウトもビジュアル記号の一つとして、言葉の意味をさらに変化させることが示された。

3.2.　イメージとしての文字

3.2.1.　マルチモダリティ理論　Kress & van Leeuwen（2001），Kress（2010）

本節はKress & van Leeuwen（2001）およびKress（2010）が提唱するマルチモダリティ理論を紹介し、その枠組みで日本語の文字が表出する意味の理論的分析を試みる。

Kress & van Leeuwen（2001）は、Hodge & Kress（1988）、Kress & van Leeuwen（1996）など、社会記号論の枠組みでコミュニケーションのマルチモダリティを分析した一連のパイオニア的研究の延長線上にあるが、集大成として複数のモード間の連携や総合的な意味生成のプロセスに焦点がおかれ、Web2.0時代に不可欠なマルチメディアの意味構築プロセスを理解する概念がまとめられている。

この理論では、コミュニケーションは本質的に「マルチモーダル」だと考える。「マルチモダリティ」という言葉は、日本ではまだ一般的に馴染みが薄いようだが、社会記号論においては複数のモード（mode）から意味を生成する様相を指す。Kress（2010）によると「モードは、社会的に構築される表現のリソースであるため、言語・文化によって幅が異なる。一般的に認め

られているモードの例は、イメージ、ライティング、レイアウト、音楽、ジェスチャー、スピーチ、動画、サウンドトラック、そして3Dオブジェクトなどである（Kress 2010: 79）」。たとえば、マンガは、イメージ、ライティング、レイアウトモードが相互作用的に意味を生成し、一つのアーティファクト（マンガ作品）を創出する。

　実際、私たちがコミュニケーション活動にかかわる時、一つのモードだけを使用するという状況は極めて少ない。友人と話す（スピーチ）とき自然に手が動いたり、首をかしげたり（ジェスチャー）、笑顔（イメージ）になったりするが、このような対人コミュニケーションは、スピーチにジェスチャーや表情などのイメージ・モードが重なるマルチモーダルなコミュニケーションなのである。コマーシャルメディア（CM）も、マルチモダリティが基本である。たとえば、少し前に芸能人をモニター体験者として登場させるフィットネスクラブのCMがあった。このCMでは、芸能人の締まりのない体やビール腹体型のネガティブな動画イメージと共に、重苦しいビートのBGMが流れる。そして、途中で軽快な音楽に切り替わり、その切り替わりに合わせて、先ほどまで締まりのない体型であった芸能人の理想的な体型が映し出される。このように人の体型がダイナミックに変貌する動画イメージを、明暗の対極的な音楽に合わせることで体型の変化が誇張される。最後に、テロップ「あなたも、きっと変われる」というキャッチコピー（ライティングモード）のメッセージが加わり、より訴求性が高いコマーシャルになる。まさに動画イメージ、サウンドトラック、ライティングモードが連携し、一つのモードだけでは成し得ないマルチモーダルな意味を創出している例だと言える。

　マルチモダリティ理論を提唱するKress & van Leeuwen（2001）は、従来の単層的な（monomodal）分析を批判し、コミュニケーションの分析には、各モードの意味が交錯する融合的な記号体（sign complex）に目を向けなければいけないと主張している。それが、コミュニケーションのメッセージになるからだ。従来のテキスト分析では、ビジュアル的な要素であるイメージや

レイアウトは分析の対象から外されていた。イメージやレイアウトは、グラフィックデザインや芸術学の分析対象であり、言語分析に含めるのは言語の本質を不明瞭にするのでよくないというような研究態度であったからだ。しかし、マルチモーダル・コミュニケーションの意味を分析するには、言語だけに焦点をしぼった分析では見えてこない現象が多く、言語の本質も見えてこないのである。

3.2.2. ビジュアルな文字の意味

　本章の冒頭でイメージ 1 のポスターを紹介したが、「着物」「きもの」「KIMONO」と 3 種の違った文字で同じ言葉を表記し、それぞれ違うイメージを創出していると述べた。漢字表記の「着物」は、「昔」や「伝統」、ひらがな表記の「きもの」は、「日本」、そしてローマ字表記の「KIMONO」は、「グローバル」や「未来」をイメージしているようなメッセージを受け取ることができる。しかし、これらの意味は、言葉そのものの意味とは異なる。「キモノ」という言葉が指示するのは、「伝統」でも「未来」でもないからだ。「きのう、新しいキモノを買った」という文と「きのう、新しい伝統を買った」という文では全く意味が違う。つまり「着物」「きもの」「KIMONO」の意味の違いは、バーバル記号としての「言葉」以外の違いによるものだと言える。

　それでは、文字種の違いがなぜ、意味の違いに結びつくのか。そして、その意味は何に由来する意味なのであろうか。マルチモダリティ理論から導かれる仮説は、文字が、単一的に言語の音や意味を具現化する記号ではなく、ビジュアル記号（イメージ）としても機能する記号だということだ。上で紹介した Stöckl（2004: 11）は、マルチメディアのテキストの意味は、複数のモードのネットワークから創出されると主張している。そのネットワークは、一つのモードの中に複数のサブ・モードが付随する階層的なものであるという主張だ。たとえば、リズムは、クラシック音楽など非言語モードに属する

要素（feature）で、音楽の解釈に影響をあたえる。同時に、リズムはスピーチ・モードにもサブ・モードとして存在し、スピーチの解釈を変える。さらに、Kress & van Leeuwen（2001: 27）は、音楽やスピーチというモードは抽象的な概念であり、実際の楽器のメロディや声の質などの素材（material）で具現化される必要があると述べている。

　この階層的なマルチモダリティ理論を援用して文字のマルチモーダルな意味を考察するために、まず日本語のテキストのレイアウトを例に挙げて考えてみよう。第1章（1.4.4）でも検討したが、現代日本語の書記方向は複数あり、縦書きと横書き、およびその混用という選択肢がある。書かれている内容は同じでも、縦書きと横書きのテキストでは、メッセージが違ってくる場合がある。たとえば、和菓子の商品名は縦書きにされることが多いが、それは、和風なイメージを創出する意図があるからだ。上で検討したメイナードの例（3.1.2.2）は、クリスマスなど西洋的な雰囲気を創出したいので横書きが中心になっていた。その「西洋風」というイメージは、言葉そのものの意味とは別のもので、レイアウトというビジュアル記号によるものだと言える。また、3.1.3で紹介した岡本（2008）の例では、通常横書きにされるローマ字が縦書きにされて、「日本人」という意味を創出していると指摘した。これも、ICHIROという野球選手の名前の意味とは別の、ローマ字の縦書きという書字方向（レイアウト）による意味である。

　さらに、テキストのレイアウトは文字と切り離して考えることは難しい。レイアウトは、テキストの文字によって具現化されるからである。「文字」も抽象的な概念で、実際の字形や印刷の書体によって具現化される。たとえば、先に検討したメイナード（2008）の広告の分析（3.1.2.1）に、力強い毛筆風の縦書きの「くろ」という文字があったが、「男らしい」イメージ効果を狙った字形だと指摘した。「字形」とは、「字体」を具現化したものであるが、その一定の様式が書体だ。つまり、字形や書体は字体を具現化するものであり、文字のビジュアルな要素だと言える。『広辞苑』7版によると「書

体」とは、「字体を基礎に一貫して形成された、文字を表現する様式・特徴・傾向」であり「漢字の楷書・行書・草書、活字で和文の明朝体・ゴシック体・アンチック体など、欧文のイタリック体・ローマン体・サンセリフ体・スクリプト体・ゴシック体などの種類をいう」とある。また第二義として、「文字の書き表し方・書きぶり・書風」とも記されている。

今野（2018）は、論考の冒頭（23-24）で、山田俊雄が記した『国語学大辞典』（1980）の「字体」の解説を引用して「字体」と「書体」の照応的かつ孤立的な関係について論じている。日本語の文字は、漢字（万葉仮名）の草書化でひらがなが成立し、漢字の簡略化でカタカナが成立した。そういった意味で、ひらがなとカタカナの違いは、ある意味、抽象的な「字体」の違いだとも考えられる。そう仮定すると、日本語の4種の文字はそれぞれ違う書体（ビジュアル記号）で区別され、そのビジュアル記号が、文字が表記する言葉に意味を付加すると考えられる。たとえば、ひらがなで表記された言葉が「女性的」「和風」「やさしい」という意味を創出するのは、ひらがなの歴史的経緯に由来する（provenance）もので、日本語話者が共有している社会経験と感性に基づく意味である。次の節では、実際の書記コミュニケーションの中で、文字が果たす機能を考察し、本分析の正当性を検証する。

3.3. マルチモーダル・コミュニケーションと意味の一貫性

3.3.1. デザインとしての書体

書体デザイナーの藤田重信氏は、NHKの番組『美の壺』のインタビューで「（書体が）情報を伝えるだけなら、世の中に1書体あればいい。「伝え方」の強さ、優しさ。いろいろあるでしょう。（中略）だからいろんなバラエティのある書体が必要になってくる」と述べている[4]。書体の違いが、意味や

4　NHK『美の壺』「心を伝えるフォント」TV JAPAN 国際放送 2018.6.25 放映

機能の違いに結びつくというのだ。

　Web2.0時代の現代、書体デザイナーでなくとも素人が目的に応じた書体を選んで文書を書けるようになった。マイクロソフトのワードにも多種多様の書体が装備され、履歴書を書くときと、ハロウィーンパーティーのポスターを制作するときでは、全く違った種類の書体を選ぶ。特に、ビジュアル・コミュニケーションを重視する日本語には外国語より多くの書体が存在すると言われる。たとえば、前世紀の終わりに女子中高生の間で「丸文字」（変体少女文字）という手書き文字が流行った。角張った漢字もカタカナもひらがなも全て角を取って丸く書くのだが、女子が個性を発揮できる文字だった。当時はまだPCもオンラインブログもない時代だ。文字をデフォルメ的に丸く書くことで、大人や異性から褒められるような「かわいい」ではなく、女子同士で個性的な「カワイイ」を共有し、女性としての新しいアイデンティティを表現しようとした（Yano 2013: 52）。この「字形」は、Web2.0時代に「乙女みんちょう」や「かわいい手書き風フォント」として生まれ変わり、ソーシャルメディアや「ゆるキャラ」をPRする地方自治体のホームページなどで重宝されている。

　また、書体デザイナーの小林章氏は、著書『まちモジ』（2013）で、日本人の「丸文字」好きを示す例を挙げ、文化によって書体の好みが違っていることを示している。日本の看板広告や交通機関の標識などには丸ゴシック体が多いが、同じような書体がドイツでは「グミベア（gummy bear）」などのお菓子のパッケージや、子どものおもちゃのロゴに使用されると言う（8）。ドイツでは子どもにアピールするデザインが、日本では大人向けの公共施設や看板に多用されるという文化の違いを、書体から読み解くことができると述べている。

　文字の書体にビジュアル情報があることは、次のような事例からも明らかである。米国では、よく中華料理店の看板や広告のデザインに、「オリエンタル」をイメージさせる楔型の「チャプスイ・フォント」や「チョップステ

ィック・フォント」が使用される[5]。この書体について Wall Street Journal が「そのフォントは人種差別的か？（Is Your Font Racist?）」というタイトルでコラムを掲載した[6]。問題にされている書体は、「オリエンタル」や「アジア」という意味がアメリカの消費者に刷り込まれているため、そのイメージを使用した手っ取り早く安上がりなマーケティング戦略として、ファーストフード的な中華料理店や、スーパーの中華料理コーナーの広告に使用される。この新聞コラムでは、そのようなステレオタイプ的な表現に、ある中国系アメリカ人の料理専門家が広告主に怒りをぶつけたエピソードを中心に、中国系アメリカ人たちが「チャプスイ・フォント」や「チョップスティック・フォント」に対して否定的なイメージを持っていると述べている。このような事例も、書体が言葉以上のメッセージを発信し、言葉とは別の意味を表出することを示している。

3.3.2. ひらがなが喚起する「やさしい」イメージ

　広島を拠点にするスイーツパン専門店、「八天堂」の看板商品「くりーむパン」は、ひらがなとカタカナで商品名が記されている。「クリーム」や「パン」のような外来語は、通常カタカナで表記されるが、この「八天堂」の看板商品は、「クリーム」がひらがなで表記されている。これは、「規範」からはずれた文字選択で、文字のビジュアル情報が前景化されるケースである。

　日本語には「正書法」はないが、文化庁などが公布している「よりどころ」や、社会に共有されている表記の「規範」というものが存在し、法律・

5　書体とフォントは、活字印刷の専門用語としては別のものを指し示すが、一般的には同じ意味で使用されることが多い。従来「フォント」は、活字印刷の用語で、書体ごとにまとめられた大文字・小文字・数字・記号類のセットのことを指す。たとえば、PCで、一つの「フォント」を使用するには、そのフォントのセットファイルをダウンロードすることになる。
6　https://blogs.wsj.com/speakeasy/2012/06/20/is-your-business-font-racist/（最終アクセス 2018.10.18）

法令をはじめとする主に公の文書や、政府の刊行物、ジャーナリズム関係、教育出版、学術論文、ビジネス関連などの分野では、この規範通りの文字使用が期待される。たとえば「ウィーンでは、新年をワルツで祝う」という新聞の報道文のように、「新年」や「祝（う）」の内容語は漢字で表記し、送り仮名や助詞などの機能語はひらがな表記に、そして「ウィーン」などの外来語はカタカナで表記する、などである。一方、上の八天堂のケースは菓子（食品）の商品名であり、日本語使用者の間に広告メディアは、標準的表記から外れて表現してもいいという共通の理解が存在する。

　この「くりーむパン」という表記は、社会に共有された理解に基づいて「やさしい味」というメッセージを創出する目的で選択された文字表記である。そして、「やさしい」イメージは、文字だけではなく商品の包装デザインやホームページのデザインなど、全てのモードに一貫して選択されたイメージだと言える[7]。画像2は八天堂のホームページからのものだが、ふわふわのパンにクリームがたっぷり入ったイメージ写真が掲載され、その下に商品名「くりーむパン」と書かれている。この商品名の文字は、上で紹介した書体デザイナーの藤田重信氏が開発した筑紫書体的な「やさしいイメージ」を強調した書体が使用されている。その下に書かれた英語名もローマ字の丸くかわいい書体で‘cream bun’と小文字だけで書かれている。ページの下には商品の紹介文があるが、このテキストも「やさしいイメージ」の書体で統一され、ひらがなが多い文体で書かれている。最後の4文を引用すると「あまいけど、あますぎない、絶妙なやさしさのクリーム。ひとくち食べれば、大人も子どもも、“ふふっ”とほほえみ、自然とやさしいきもちになれる。それが、究極のクリームパン。八天堂の『くりーむパン』です」とある。まるで、平安時代の仮名文学のように、漢字は漢語を中心に「絶妙」「食」

7　「くりーむパン」の商品紹介のページ参照。http://hattendo.jp/category/creambun01/（最終アクセス 2018. 10.24）

第 3 章　文字のマルチモダリティ　71

画像2　八天堂「くりーむパン」のホームページ

「自然」「究極」そして「八天堂」で全体的に少なく、ほとんどが和文・ひらがな文になっている。商品名とテキストを囲っているフレームも、淡くて「やさしい」クリーム色だ。このように、この菓子パンは「やさしさ」を売りにした商品であることがマルチモーダルなデザイン選択から明らかになる。

　この「やさしい」というイメージは、広告テキストに結束性（cohesion）と一貫性（coherence）を持たせる機能を果たしている（Kress & van Leeuwen 2001: 57-58）。つまり、この商品の「やさしい」味というメッセージは、「やさしい」意味を表出する文字（ひらがな）、写真のイメージ、レイアウト、色

など、さまざまなモードからのリソースが結束した記号体（sign complex）なのである。マルチモダリティ理論では、書体の種類や、レイアウト、色などはライティングモードに付随するビジュアルリソース（graphic resources）であると捉えられるが、日本語の文字も、メッセージの一貫性を持った意味を生成するためのビジュアルリソースの一つだと分析できる。

　このように、マルチモダリティ理論を援用することで、文字が、バーバル記号としての言葉と違う意味を生成する現象も説明することができる。「くりーむ」が「クリーム」というカタカナにはない「やさしい」という意味を創出できるのは、文字のビジュアル性によるものである。先の書体の項でも述べたが、ひらがなは、平安時代に女性貴族たちが主に使用したという経緯から、現代でもその柔らかさ、丸みをおびた字形が「女らしさ」や「やさしさ」「やわらかさ」「和風」などの意味を表出する手段として使用されている。これは、日本語話者が共有している感性で、日本語の歴史的、かつ社会文化的経験に由来する意味なのである。

　マルチモダリティ理論に大きな影響を与えた言語学者、Halliday（ハリデー）は、このような社会の歴史や経験に基づく意味表現について次のように述べている（Kress & van Leeuwen 1996: 2）。

　　　文法とは、ある表現がルールに基づいた正しい形であるかどうかのみを規定するものではない。文法は、人が繰り返し経験したことを表現するリソースであり、人が現実世界、内的世界で経験したことを、メンタル・イメージとして構築するものである[8]。

　ひらがなが「やさしい」意味を表出するのは、日本語話者が過去の経験を

8　原文は以下である。Grammar goes beyond formal rules of correctness. It is a means of representing patterns of experience…. It enables human beings to build a mental picture of reality, to make sense of their experience of what goes on around them and inside them. (Halliday, 1985: 101)

通して共有している「文法」が存在するからだと言える。Kress & van Leeuwen（2001）は、ハリデーが使用した「文法」という表現の代わりに「記号資源（semiotic resource）」という表現を意図的に採用している。「記号資源」には、意味を構築するためのモードや記号、言語の文法やKress & van Leeuwen（1996）の「（ビジュアル）グラマー」なども含まれるが、「グラマー（文法）」という表現に伴う制約感や規範性を避け、この理論にとって大切な概念である「主体の意図的な選択や創造力」を重視する意味で「リソース」という表現を使用している。「くりーむパン」のケースでは、ひらがなが消費者に「やさしい」イメージを構築させる表現の一つとして選ばれているが、その選択を可能にしているのは、日本語にある4種の文字という記号資源なのである。

3.3.3. 主体の意図とコミュニケーションの目的

　ここで注目したいのは、上で紹介した「くりーむパン」のようなケースに見られるひらがなの「やさしい」イメージが常に起こるとは限らないということだ。たとえば、八天堂の「くりーむパン」のパッケージの裏には、商品名と原材料名が記されたラベルが貼られている。その原材料名には、商品名と違って「生クリーム（乳製品）」と、「クリーム」がカタカナで表記されている。ここで、商品名のように「生くりーむ」と表記してしまうと、たとえ括弧書きで乳製品と説明されていても、何か得体の知れない異質なものであるかのような解釈を与えかねない。

　この原材料名と商品名の違いは、主体の意図の違いによるものである。食品の原材料名を消費者に知らせるという目的のコミュニケーションにおいて、制作者（主体）の意図は、消費者に「正しくわかりやすい」食品の情報を伝えることである。たとえば、東京都福祉保健局が、「食品表示法」の手引きを公開しているが、そこには原材料名の表記の仕方「食品表示基準手引」が具体的に示されている。食品の表示について定められた新しい法律「食品表

示法」は、平成27年4月1日に施行されたとあるが、以前の「食品衛生法」、「JAS法」、「健康増進法」の3つの旧制度を一つにまとめてシニア世代を含めた「一般消費者の自主的かつ合理的な食品選択の機会の確保」が目的とされている9。そのため、表記も現在の日本語の「最も一般的な名称をもって表示し」、わかりやすく情報を伝えることが重要視されているのだ。

　「くりーむパン」などの商品名に関しては、この法律の規定範囲外で自由であるが、「菓子パン」などと、食品の内容を分かりやすく表す商品の一般的な名称を、商品名と別に表示することも義務付けられている。また、アレルギーを引き起こしやすいとされている特定原材料7品目（えび、かに、小麦、そば、卵、乳、落花生）に関しては、「代替表記」のリスト、および「拡大表記」の例が挙げられている。代替表記や拡大表記は、特定原材料と同一であるということが理解できる表記でなければいけない。たとえば、特定原材料の「落花生」。代替表記として「ピーナッツ」、拡大表記の例として「ピーナッツバター、ピーナッツクリーム」が挙げられている。千葉県の銘菓「ぴーなっつ最中」は和菓子の商品名としてはいいが、ひらがな表記「ぴーなっつ」は、原材料名としては、その拡大表記にもならないのだ。

　すなわち、原材料名は食品表示法の規範の下、主体が意図的に一般の消費者に分かりやすい情報を伝達できると判断した表記を選ぶ。ラベルを読む消費者もそれを期待して解釈する。そのような期待を裏切って「くりーむ」とひらがな表記になっていると、解釈ができずコミュニケーションが成り立たないのだ。

3.3.4.　コミュニケーションの修辞学的なアプローチ

　このようにマルチモダリティ理論では、解釈する側と主体の意図がコミュ

9　東京都福祉保健局が公開している「食品表示法　食品表示基準手引編」は、次のサイトから入手できる。http://www.fukushihoken.metro.tokyo.jp/shokuhin/hyouji/kyouzai/files/tebiki_tougou-ban.pdf（最終アクセス 2018.9.21）

ニケーションの意味生成に大きな役割を果たすと考える。従来の分析では、テキストに焦点をあて、そのテキストの目的によりコミュニケーションの機能を分類する方法がとられていたが、マルチモダリティ理論ではコミュニケーションの参加者の主体性に焦点が当てられる。

　ここで、主体が意味を生成するプロセスの一つ、「デザイン」という概念を紹介する。「デザイン」は、建築で言えば青写真を制作するプロセスに当たり、主体がある意図と目的を持ってコミュニケーションをデザインするプロセスだ。コミュニケーションの主体は、与えられた記号資源（semiotic re-source）の中から最適であると判断したモードや記号を選び、それらを組み合わせて概念や自分の持っている知識を具現化する。この主体性を重視する考え方は、従来の受身的に「記号を使う」という考え方とは対照的である（Kress 2010: 62）。

　この理論の枠組みで日本語の文字の表記選択を比喩的に説明すると、文字は人がクロゼットにあるドレスや着物の中から、コミュニケーションの目的に一番合ったデザインのドレスを選ぶようなものだと言える。たとえば、知人の葬儀にパステルカラーやピンクのドレス・スーツを着て行ってはいけない、などの社会規範がある。いくら明るい色の服が似合う人でも、葬儀のような状況では参加者から「解釈不可能」なコードとして批判の的になる可能性がある。一方、コスチューム・パーティのような楽しいイベントで、「自分の個性を発揮したい」「目立ちたい」という意図を持った人が、独創的なドレスの選択をする場合がある。この選択は、上の「くりーむパン」の文字表記が「規範」から外れているのと同じようなものだと言える。この場合は、主体の選択が前景化される。食品ラベルなどの場合は、法規に基づいて消費者がわかりやすい文字表記を選ぶ。その選択は、「規範」に従っているので、主体の選択は後景化される。

　Kress（2010: 26）は、このように社会の価値観や主体の意図に基づいて記号資源の選択を説明するコミュニケーション理論を「修辞学的（rhetorical）

なアプローチ」と呼び、以下のように論じている。

> マルチモダリティ理論が提唱するのは、コミュニケーション参加者が社
> 会の情勢や、文化の価値観に対して洞察力を持って取り組むこと。それ
> らは日々変化しているからだ。この不定な状況で実践されるコミュニケ
> ーションは、常に予期せぬ意味を生み出す可能性があるので、社会情勢
> や相手との関係、与えられた表現資源などを批判的に見定めながら行う
> 必要がある。そして、このようなコミュニケーションに不可欠なのが、
> 修辞学的なアプローチなのである（a rhetorical approach to communication）。

Kress が「修辞学的アプローチ」と呼ぶ理由は、コミュニケーションの主
体の役割「メッセージを創る者（rhetor)」という概念を強調したいからであ
る。また、このアプローチでは、Burn（2009: 7）も指摘しているように解釈
（interpretation）する側の役割も大きくなる。解釈も意味を構築する（mean-
ing-making）行為であるからだ。解釈する側は、メッセージの背後にある社
会情勢や文化の価値観、主体の意図や目的などを考慮して解釈し、意味を構
築する。また同時に、自分の過去の経験や興味を重ね合わせて解釈し、新た
な意味を構築する。そのため、メッセージを受け取り解釈する側が主体と違
ったメンタル・イメージを持ち、違った解釈をする場合もあるのは当然で、
コミュニケーションの参加者全員が相互的かつ能動的に意味交渉を行い、
次々に新しい意味を構築していくのがコミュニケーションなのである。

3.4. 文字が表出するヴォイスの多重性

3.4.1. 「キャラクター・スピーク」
　ここまで、文字はバーバル記号にビジュアル記号が付随したハイブリッド
記号であると分析した。文字が表わすビジュアル情報は、言語使用者の過去

第3章 文字のマルチモダリティ　77

のメディア体験や、社会、文化、または個人の経験に基づくものである。す
なわち、文字のビジュアルイメージが、「やさしい」「女性」などのメンタ
ル・イメージにつながるという主張だ。本節ではその分析にとって不可欠な
概念、テキストのヴォイス（声）について検討したい。

　アメリカの英語の授業では、よくライティングに書き手のヴォイス（speak-
er's voice）を入れるように言われるが、ヴォイスとはテキストに織り込まれ
た独特の視点やスタイルのことだ。20世紀のロシア文学・哲学に最も影響
を及ぼした人物の一人で、Kress & van Leeuwen のマルチモダリティ理論に
も大きな影響を与えた文芸批評家・哲学者の Mikhail Bakhtin（ミハイル・バ
フチン）は、『ドストエフスキーの詩学 'Problems of Dostoevsky's Poetics'』
という著書で音楽用語の「ポリフォニー（多声音楽）」という概念を比喩的に
用いて、ドストエフスキーの文学作品を高く評価した（Bakhtin 1984）。ドス
トエフスキーの作品に登場する人物たちは、作者の視点ではなく自分たち独
自の視点や意思を持っていて、自分のヴォイスでダイアローグを進めていく。
それは、まるで有能な速記者が多様な人々の発話をそのまま書き留めたもの
を、文学に「多重のヴォイス（multi-voiced novel）」として取り入れたような
修辞法だと論じている（55-63）。本書では、このように視覚的器官で認知す
るテキストに織り込まれる Voice を「ヴォイス」と呼び、聴覚器官から認知
する物理的な人や動物の「声」を表現する用語と区別するが、先行研究を引
用するときなどは、その著者が使用している用語をそのまま使用することも
ある。

　メイナード（1997, 2008, 2012）は、この Bakhtin の理論に基づき、さまざ
まな日本語の談話に見られる「多重のヴォイス（multi-voicedness）」を指摘し、
分析したパイオニア的な研究である。また金水（2003, 2007, 2011）の「役割
語」研究は、アニメやマンガなどのメディア経験を通して日本人が共有する
キャラクターのイメージとその「ヴォイス」との相関関係について分析した
最初の研究である[10]。本節では、この二つの先行研究を紹介し、次章からの

ポピュラーカルチャーの文字表記の分析に援用する。

　メイナード（2017）は、ポピュラーカルチャーのテキストを分析する上で重要な「キャラクター・スピーク」という概念を提唱し、その理論的背景として Bakhtin の「多言語性」（heteroglossia）を紹介している。「多言語性」という概念は、たとえば小説で登場人物の発話や考えが、作者の意図を表しながらも、作者とは全く違う人物のヴォイスとして響き渡る現象を指す。その現象をメイナード（2017: 93）は、次のように説明している。

　　　多言語性は、文学作品の中の登場人物の声（それは作者の声の反映でもあるのだが）に観察できる。その多言語は会話性に支えられていて、あたかも互いに会話しているようなものであり、その言語は「ハイブリッド構造」（hybrid construction）となると言う。

　この Bakhtin の多言語性については、第 4 章のルビ構造、および第 5 章の少年少女マンガのルビ表現の分析を通して、さらに詳しく検討する。

　メイナード（2017）は「キャラクター・スピーク」を、「キャラクターやキャラを効果的に創り上げるために使われているバリエーションを含む言語表現（90）」だと定義している。ここで言う「キャラクター」とは、「一般的に登場人物と言われる物語内の人物像であり、多くの場合、ステレオタイプ化されたイメージを伴う（82）」。一方、「キャラ」は、もう少し一時的なもので「ステレオタイプ化されたキャラクターの一側面を指し、キャラクターの一要素として付加されることが多い」と言う。たとえば、近年「方言コスプレ」（田中 2011）という言語現象に注目が集まっているが、関西弁使用者ではないキャラクターが「勝ったで」などと関西弁風に話す現象を指す（メ

10　これは筆者の解釈で、金水（2013）は Bakhtin の多重のヴォイスという概念を「役割語」の分析に使用していない。金水の「役割語」の定義では「特定の人物がいかにも使用しそうな言葉づかい」という表現になっている。

イナード 2014: 192)。メイナード（2004, 2005, 2014）が「借り物スタイル」と
呼ぶ例であり、ディスコースに多言語性、多重のヴォイスを導入するレトリ
ックの一つになる。メイナード（2017）が「キャラクター・スピーク」で指
し示している言語表現は、特に日本語のバリエーションやスタイルを指すの
だが、その他にも会話参加の仕方、言語行為の特徴、癖のある語や文の用法、
語尾の添付、イントネーションなど、言語のあらゆるレベルの操作を含む
（90-91）。

　さらに、文字表記の操作で多重のヴォイスをディスコースに導入すること
もできる。下の例はメイナード（2012）からだが、ライトノベルに見られる
文字表記の操作によって多重のヴォイスをディスコースに取り入れる例だ。

(2)　彼女はこよみに対して、すこしばかり身構えているようだ。
　　　いきなり宙から出現したたらいと一緒に登場したのだからしかたな
　　　いかもしれなかった。
　　　「あなた、誰？」
　　　「白華女子学院２年Ｃ組。も、森下こよみです。得意技は<u>しゅーてぃ</u>
　　　<u>んぐすたーぷれす</u>」
　　　「<u>シューティングスタープレス</u>？」
　　　「そ、そうです。背が高くて目つきの悪い男の人が、人に聞かれたら
　　　そう答えろって言ったんです」

（メイナード 2012: 194-195 (24)）

　これは、『よくわかる現代魔法』というライトノベルからの引用だが、自
己紹介する際に「シューティングスタープレス」と言うように言われたキャ
ラクター、こよみが、その魔法についてよく知らないまま発話する様子を、
文字表記の変換で表現している。すなわち、「シューティングスタープレ
ス」をひらがな表記にすることで、不安げに話しているこよみのヴォイスが

聞こえてくるような感覚を覚えるのだ。その前の「も、森下こよみです」も、
彼女の不安げな言いよどみが文字で表現されている。このような例は、文字
が多重のヴォイスを表出することができることを示している。

　第1章でも紹介したが、デジタル・コミュニケーションでは対人コミュニ
ケーションに付随する要素が文字化され、感情表現も「♡」「☆」「♪」など
のビジュアル記号（絵文字）で表現される。また、パラ言語要素である声の
トーンや質、強弱、言いよどみなども、長音記号やダッシュ「─」「～」、感
嘆符や疑問符「！」「!?」、そして点記号「・・・」などで表現される。同様
に、文字種の操作でも、さまざまなヴォイスを表現することができるのだ。
たとえば、「やさしい」イメージを喚起させるひらがなは、漢字の代わりに
使用することで、子どものヴォイスを表現することもできる（メイナード
2012: 193（22））。

（3）　「あんず、お礼」
　　　兄が妹の服の袖を引っ張る。妹は、不満そうに目を吊り上げる。
　　　「こーた、バカじゃないの。こいつはゆーかいはんなんだよ。なんで
　　　おれいなんか言わないといけないのよ」

　これはライトノベル『嘘つきみーくんと壊れたまーちゃん　幸せの背景は
不幸』の一節からの引用だが、メイナードは、あんずの発話がひらがなで表
記されている理由として、「妹は、漢字を知らないほどに幼いんだ、という
ことを表現するため」だと説明している。通常、漢字ひらがな交じりで表記
される文を、ひらがなのみの文に変換することによって子どものヴォイスを
表すことができるのは、日本人がひらがなに対して持っている感性とひらが
なのビジュアルイメージによるものだと分析できる。ライトノベルの作者は、
その日本人が共有する感性やイメージを表現するためにひらがな表記を選ん
だのだが、その規範から外れた選択により主体の意図が前景化され、「表

現」としての文字の意味が強調されるのである。

3.4.2. 「役割語」とキャラクターのヴォイス

　次に金水（2003）の「役割語」について紹介したい。アメリカでも「アストロボーイ」（Astro Boy）として知られている『鉄腕アトム』には、お茶の水博士という年配の博士キャラクターが登場し「そうなんじゃ、わしは知っとるんじゃ」のような話し方をする。そして、そのような話し方を聞くと、お茶の水博士のようなイメージの人物を思い浮かべる現象があるが、現実にはいないような人物像を思い浮かべる場合が多いので、「ヴァーチャル日本語」と呼ばれている。現実世界の年配の博士や教授で「わし」や「知っとるんじゃ」のような話し方をする人が見当たらないし、お茶の水博士のような風貌の博士や教授も多くないからだ。金水（2003）は、そのヴァーチャルな現象を起こす言語表現を「役割語」と名付け、次のように定義している。

　　　ある特定の言葉づかい（語彙・語法・言い回し・イントネーション等）を聞くと特定の人物像（年齢、性別、職業、階層、時代、容姿・風貌、性格等）を思い浮かべることができるとき、あるいはある特定の人物像を提示されると、その人物がいかにも使用しそうな言葉づかいを思い浮かべることができるとき、その言葉づかいを『役割語』と呼ぶ。（205）

　さらに金水（2011）では、定延（2007）の分析を基に「特定の人物像」を「発話キャラクタ」と捉え、役割語が特定のキャラクターの属性を表現すると分析した。ここで「発話キャラクタ」として挙げられているのは「若者」「老人」「アウトロー」「外国人・ピジン」「歴史的キャラクタ」「人ならざるもの」「女」「男」「方言話者」など広範囲に渡る。また金水（2007: 107）は、マンガと役割語の関係について述べ、「役割語は、日本の歴史のなかで形成され、ポピュラーカルチャー作品によって媒介・拡散され、日本人の心に深

く植え付けられてきたのである」と主張している。すなわち、「役割語」は、日本語話者が、実際のコミュニケーションやマンガ・アニメなどのメディア体験を通して共有する独特のヴォイスやイメージを喚起させる表現だと言える。キャラクターによっては、その属性を「役割」だと言いにくいものもあるが、作品をシアター的に捉え、その中の登場人物という意味では「役割」なのかもしれない。メイナード（2004, 2005）が指摘している「借り物スタイル」も、日常会話やソーシャルメディアでの会話に頻繁に見られるが、主体が臨時に「キャラを被る」表現を使用している例だと捉えられる。

3.4.3. 文字表記と「役割語」

　ここで、金水（2011）が「発話キャラクタ」に挙げているカテゴリーの一つ「人ならざるもの」を例に挙げて、文字表記が「役割語」的なヴォイスを表す例を紹介したい。マンガなどのテキストでは、「コンニチワ」や「この状態デハ、ここまでの回帰が限界デス」（『BLEACH』27: 74）など、外国人の発話全体や一部をカタカナで表記することで、日本語母語話者とは異なるアクセントを視覚的に表現するレトリックがよく使用される。また、表音文字であるカタカナは、「ガンガン」や「チクタク」など「人ならざる」無機質的なものの音を表記するのにも使用される。金水（2011: 14）も「ロボットや宇宙人の表現に、合成音声的な音声によるたどたどしい台詞が用いられることがある」として「ワレワレハ　ウチュウジンダ　オマエタチヲ　ミハッテイル」というカタカナ表記の例を挙げている。一般的にカタカナは、外来語の表記にも使用され、先の非母語話者的アクセントを表記する例も含めて「ソト」の視点を表すとされている（メイナード 2012: 195）。

　その「ソト」の存在である「人ならざるもの」のヴォイスをカタカナで表現している例が、ビデオゲームのテキストにも見られる。（4）は、歴史アドベンチャーゲーム『遥かなる時空の中で3』からの例だが、戦闘で一度は命を落とし、その後、「人ならざる」怨霊として蘇った少年キャラクターの発

第3章　文字のマルチモダリティ　83

話である。普段は、生前の人間の姿をしているが、封印を解くと怨霊の姿に変身する。下の例は、そのキャラクターが、少女キャラクターの命を救うために怨霊の姿に変身する場面だ。

（4）「私は、あなたヲ・・・/助ケテ・・・ミセル・・・ッ・・・!!」（『遥かなる時空の中で3』）

　このゲームは総ボイス、総テキストで制作されていて、（4）の変身イベントは、スチル画、文字テキスト、そしてそのテキストに合わせた声優の声で表現されている。興味深いのは、少年キャラクターが人間の姿から怨霊の姿に変身するにつれて（4）のように表記がカタカナに変わっていくことだ。そして文字表記の変化に合わせて、声優の声も無機質で不気味な合成音に変わっていく。このような文字の表記操作による表現は、日本語話者に共有されているカタカナのヴォイスとビジュアルイメージの相関関係によるものだと言える。このように、金水（2003）の「役割語」の研究は、ポピュラーカルチャーや文芸作品に登場するキャラクターのヴォイスが、記号表現（バーバル、ビジュアルなど）として具現化される現象を取り上げた画期的なものだと言える。

　以上、本節では、メイナードと金水の先行研究を基に、文字表記が生成する多重のヴォイスについて考察した。以前からこのような文字表記のマルチモーダルな意味が観察されていたにも関わらず、日本語学、言語学の理論的な分析を不明瞭に曇らせる、いわばSaussure（ソシュール）の「パロール（parole）」的なものだとして避けられてきた[11]。しかし、本章で紹介したKress & van Leeuwen のマルチモダリティ理論を援用することで、ポピュラーカルチャーなどの意味生成に大きな役割を果たす日本語の文字のマルチモ

11　Ferdinando de Saussure（フェルディナン・ド・ソシュール）は近代言語学の父と呼ばれるスイスの言語学者。構造主義的言語学に大きな影響を与えた。

ーダルな意味、すなわち、バーバル記号にビジュアル記号が付随したハイブリッド記号が生成する意味が、理論的な枠組みで分析できるようになった。

第4章　ルビ表現の詩学

4.1.　なぜルビを使うのか

　日本語の書記コミュニケーションには、「ルビ」表現という記号資源がある。言葉を重ねて表記する方法だ。広辞苑（第七版）によるとルビは「振り仮名用活字。また、振り仮名。本文に使用する五号活字の振り仮名である七号活字がルビー2とほぼ同大であったことからいう」と記されている。もともと「ルビー（ruby）」は、イギリスの活字印刷の専門用語であり、日本語の「ルビ」は、そこから転じて（1）のように、横書きの場合は本文の上に、縦書きの場合は本文の横に、本文より小さいサイズで表記される文字を指す。明治時代にイギリスの印刷技術が日本に導入された時に入ってきた専門用語が転じて、現在のルビを指すようになったと言われている。

（1）　今日は天気がよく、一日中晴れていた

　一つのルビがつけられる範囲は、（1）の「今日」「天気」など単語単位だが、「晴れていた」のように、動詞などの活用形で送り仮名がある場合は漢字の上だけにひらがなで「読み」が付けられるのが標準だ。そのため、ルビは漢字の読みを示す「読み仮名」「振仮名」だという認識もある。
　しかし、現代日本語のルビには例外的な用法が多く（2）のように、非漢字語のローマ字にカタカナで読みが表記されたり、（3）のように「読み仮名」ではなく、ローマ字や、数字、漢語がルビとして振られたり、本文の表現（日本代表）を他の表現（U-17選抜）で言い換えたりするような例も見られ

る。

(2)　D N A
　　　（ディーエヌエー）

(3)　日本代表（『新テニスの王子様』より）
　　　（U‐17選抜）

　本書では、(2)(3)のようなタイプも含めて、「親文字」とそれに重ねられた小さい活字の二重構造になっているものを全て「ルビ表現」と呼ぶ。また、先行研究や歴史的な経緯の論点の紹介でルビが常に漢字の振仮名（振り仮名）として機能する場合、つまり漢字語に仮名（カタカナ、ひらがな）をルビとして付けている場合、文脈によってはそれを「振仮名」と呼ぶ場合もある。
　ルビは、少年少女マンガなどのように全ての漢字にルビが振られているものを「総ルビ」、部分的に振られているものを「パラルビ」と呼ぶことがある。明治時代から大正時代にかけては、夏目漱石の小説をはじめとする文芸作品でもルビが多く用いられた。また第二次世界大戦前の新聞は、難解な漢字が多く使用され、そのため総ルビである場合も多かった。戦後の国語改革で、漢字数の制限と共にルビの使用も控えられるようになったが、文芸やポピュラーカルチャー、マスメディアなどでは引き続きルビの使用が見られる。そして、それらのルビは、漢字の読みを提示するという機能以外の目的である場合が多い。
　それでは、メディアやポピュラーカルチャーのルビは、どのような目的で使用されるのであろうか。この疑問に答えるために、まずNHKの『歴史秘話ヒストリア』という番組の例を挙げて考えたい。この番組は、歴史的な出来事や人物をさまざまな視点から語るのだが、その一つに「戦国ラストサムライ　絶対曲げない水野勝成」と称したエピソードがある[1]。オープニング

─────────────
1　TV Japan（米国で日本のテレビ番組が受信できるメディア）2018年7月18日放映

では、まず戦国時代の武士が激しく対戦している映像が出され、その映像に重ねて、赤フォントの漢字語「戦国」がスクリーンに大きく映し出される。その漢字語の表示と共に「戦国。武を頼りにのし上がることができた、もののふたちの時代」という女性ナレーターの声が入り、「戦国」が「武士たちの時代」というテロップに入れ替わる。ナレーションから、「武士」という漢語を「もののふ」と読むことが分かるのだが、スクリーンに映し出されたテロップにも、わざわざルビが振られている。

　小学館の大辞泉によると「もののふ［武士］」とは、「1.武勇をもって主君に仕え、戦場で戦う人。武人。武者。兵（つわもの）。もののべ。2.（「物部」と書く）古代、朝廷に仕えた文武の官人」だと定義されている。同じ辞書で「ぶし［武士］」を引くと「昔、武芸をおさめ、軍事にたずさわった身分の者。中世・近代には支配階級となった。さむらい。もののふ」とある。こうして比べてみると「もののふ」は和語で「武勇をもって主君に仕え、戦場で戦う人」「朝廷に仕えた」など人物描写的な意味合いが強調されている。一方、「ぶし」は漢語で、辞書の定義は、人物描写より身分や任務の内容が強調される。

　この番組では、水野勝成という「もののふ」の人物像について語るため、人物描写的な意味を強調する訓読みを選び、ルビをつける選択がされたと考えられる。ここでルビがなければ、特に戦国時代から江戸時代にかけての話なので、「ぶし」と読んでしまう。別に「もののふ」と「ぶし」とで意味が大きく変わるわけではないので、それでもいいのだがやはり「もののふ」と読ませたい。それでは、ナレーターの声に合わせてテロップを「もののふ」とひらがなだけで表記すればいいところであるが、漢字も見せたい。声に合わせて漢字つきのテロップを出して強調したい。そこで、選ぶことができる記号資源がルビなのである。

　本章では、このようなルビ（もののふ）と親文字（武士）を同時に提示する表現が、どのような経緯で生まれたのか、またルビが文芸作品やポピュラー

カルチャーの表現で、どのような役割を果たしているのかについて検討する。

4.2. 「表現」としての振仮名の誕生

　第2章（2.1.6）で、漢文訓読からカタカナが成立し、振仮名として使用された経緯について説明した。平安時代末期から鎌倉時代に入る頃にかけて、和文・ひらがな文で書かれていた物語ジャンルにも漢字使用が増え、さまざまな文体が出現するようになったことにも触れた。

　その流れを受ける室町時代は、それまでの時代に中国から借用語として入ってきた漢語が日本語の語彙としてかなり安定し、さらに多くの漢語が日本語に入ってきた時代でもあった（今野　2009: 84-94）。必然的に漢字の使用が多くなり、同時に漢字の訓読みと音読みが以前より複雑化した。理由として、以前のように和文中心（和歌、物語）、もしくは漢文中心（公文書）と、ジャンルや作品群で漢字語の読みが予測できなくなったことが挙げられる。もし、ジャンルによって文体（和文、漢文）が決まっていれば、漢字の読みも比較的予想しやすかったのであろうが、どのジャンルにおいても漢字語の数が多くなり、振仮名の必要性も高まったと考えられる。

　今野（2009）は、室町時代末期頃に「読みとしての振仮名」から「表現としての振仮名」が発生しはじめたと指摘している。たとえば室町時代に成立したと考えられる頻用用語集『節用集』の中に、音訓両方で振仮名が記されている例が多くあったようだが、一例として「騒動」という漢語の右側には音読み「サウドウ」が、左側には訓読み「サハグ」が振仮名として記されていた。このような例は、第2章（2.1.6）でも検討したが、漢字を「媒体」として、二つの語形「サウドウ」（漢語）と「サハグ」（和語）がつながる契機になり、「読み」としての機能に加えて「表現」としての機能が生まれてきたと分析できる（今野 2009: 93）。ジャンルによって漢字の読みが一つしか記されなかった場合にはなかった選択、つまり音読みと訓読みの二つ以上が存

第 4 章　ルビ表現の詩学　89

在する場合には、書く主体がどちらの読みを選ぶか、どう表現したいかという選択が可能になる。ゆえに「表現としての振仮名」なのである。以下に、今野（2017）が「表現としての振仮名」を明治 19 年に刊行されたゲーテの童話の翻訳本『狐の裁判　禽獣世界』の一節を使って説明している部分を引用する[2]。

> 「ハナハミダレテイロヲソフ」という文を書こうとして、「花は乱れて色を添ふ」と書くことはもちろんできる。それを「花は爛漫て色を添ふ」と書くことによって、なにほどか漢語「ランマン（爛漫）」の語義などを重ね合わせる「効果」があることはおそらくあるだろうから、それは文の要素としては和語を使いながらそこに漢語の彩を添える「工夫」といってもよいだろう（今野 2017: 202）

　和語の「花はみだれて」に、「乱れ」ではなく「爛漫」という漢語を選ぶことによって、漢語の意味と和語の響きを重ねて情感（彩）を出す表現手段だという分析だ。近代文学や現代の雑誌メディアのルビの機能を分析した Wilkerson & Wilkerson（2000）は、上で今野が例に挙げているようなタイプの振仮名を、Jakobson（ヤコブソン 1960）のコミュニケーション機能の一つである詩的機能が前景化されたものだと分析している。

4.3.　「ポリフォニー」としてのルビ表現

　このように振仮名として発展してきた日本語のルビだが、21 世紀のデジタル時代においても日本語表現のパワフルなツールとして「親文字」に小さな文字記号を重ねる、いわゆる「スーパーインポーズ」構造を保ったまま活

2　この翻訳本は漢字ひらがな交じりで総ルビにされている（今野 2017: 201）。

用されている。「スーパーインポーズ」は、映像編集の専門用語であるが、テレビの「スーパー」や「テロップ」といった、画面にイメージを重ね合わせた二重構造のことだ。日本語は1200年以上も前の昔に、このように視覚的な表現手段を考案し、さまざまな表現に活用してきた稀に見るビジュアル志向の言語だということになる。

　映像メディアのスーパーは、外国映画のサブタイトルや、歌番組の歌詞、インタビューやトーク番組のキーワードなど、制作者側がオーディエンスに注目してほしい概念を視覚的に示すことができる。また第1章でも紹介したテレビ番組「ブラタモリ」のように、感嘆符をマンガの吹き出しに入れたようなスーパーも見られ、マンガのようにタモリ氏の気づきや発見を表現する。これらのメディアは、画像と、それにインポーズして映し出されるスーパーが一つになって番組のメッセージの意味を生成する。同じくルビも親文字に重ねられ、二重構造を持つ表現であり、二つの言葉の意味が重ね合わされて、一つの意味を構築すると考えられる。

　日本語の表記を、社会記号論的に分析している佐竹・佐竹（2005: 33）は、次のような例を紹介し、ルビは言葉に「特殊な表現効果」を重ねる役割があると述べている。

（4）　事業に失敗したために故郷（くに）に帰った。

（5）　今でも「菊五郎（ろくだいめ）」の芸が目に浮かぶ。

　上の例では、（4）の「故郷」には「くに」、（5）の「菊五郎」という歌舞伎俳優の名前には「ろくだいめ」とルビが付けられている。これらのルビ使用は、前項で紹介した「表現としての振仮名」に属する。つまり、作者が何らかの表現効果の付加を意図して選んだルビ表現の例だ。佐竹・佐竹は、次のように説明している。

これらで振り仮名が果たしている役割は、その語の読み方を示すだけではない。漢字が表す意味と、わきに振り仮名で付した語の意味やニュアンスなどとを合成することで、重層的な意味やイメージを作り出している。あるいは、振り仮名を付した全体で一つの表記形式を形成し、それによって限定した意味を表したり特殊な表現効果を生み出したりしていると言える。（下線は筆者による）

　（4）と（5）のルビと漢字語が、一つのユニットとして「重層的な意味やイメージ」を創出し、一つの意味を生成するという主張である。第3章（3.4.1）でBakhtinの多重のヴォイス理論について説明した。ヴォイスとは、テキストに組み込まれた視点やスタイルのことであるが、Bakhtinはどのような言語表現にも常に音楽のポリフォニーのように多重の独立したヴォイスが響き合っていると主張している。日本語のルビ表現の場合は、スーパーインポーズという二重構造になっているため、視覚的に「ポリフォニー」効果が表現される。

　Bakhtinの主張する「ポリフォニー」効果は、二つの違ったヴォイスを持つ表現が、それぞれ独立した「旋律線」を保ちながら共鳴しあって一つの「音楽」を創り出す。ルビ構造も同様である。岡田（2003: 174）は、（4）や（5）のようなタイプのルビを分析し、ルビと本文の単語がそれぞれ独立した単語や概念で、一つは語義、もう一つは音が「具現化」された表現だと主張している。たとえば、（6）の「襲名」の場合、一つ目の単語の語義は「催し」で語音は「ibento」。二つ目の単語の語義は「名跡の相続」で、語音は「shuumei」。この二つの独立した単語が重ねられるわけだが、具現化されるのは一つ目の単語の音の「イベント」（ルビ）と二つ目の単語の語形「襲名」（親文字）だと分析している。この二つの単語が重ねられた結果、「名跡の相続を披露する催し」という意味に限定されるのだ。

(6)　新しい流れに向かって襲名が続きます。（歌舞伎座の新聞広告、2002年）

　上の（5）と同じような歌舞伎の屋号と役者名を示した（7）も（6）と同じように二つの別の単語が重なった形だと分析している。

(7)　座談会「歌右衛門を偲ぶ」（同前）

　岡田の分析には、多重のヴォイスについての言及はないが、それぞれ二つの異なったヴォイスを持つ言葉が、反響、共鳴することで、一つのディスコースに多重のヴォイスを導入すると解釈できる。
　そのヴォイスの多重性がより鮮明に示されるのは、単語レベルの「ポリフォニー」ではなく、文レベルの「ポリフォニー」である。岡田は、村上龍の作品を引用し、異質な2つの「音」が重ねられている例を紹介している。村上龍の例は一つの談話として解釈する必要があるので、ここに岡田の引用をそのまま紹介する。

　　　子どもさんは一人なの？と私が聞くと、一人でたくさんよ、と女はきつい口調で言ったが、その女の声に何か別の音が重なって聞こえたような気がした。
　　　ひ・と・り・で・た・く・さ・ん・よ、という音声に、何か別の音声が絡まっているような感じがしたのである。
　　　あたしもう主人と半年も会ってないの、と女が言った時、その別の音がやはり絡まって、一層強く聞こえた。
　　　私は、その別の音を聞いてみようとアイスクリームを舐めながら神経を集中した。
　　　ずっとシンガポールなんです、ずっ・と・シ・ン・ガ・ポー・ル・な・ん・で・す、雑音がひどいラジオから注意深く音を拾うようにして、

女の言葉に絡まる別の音を聞いた。

アイスクリームおいしいね、と聞こえた。〔ルビ：ずっとシンガポールなんです。〕

私は女の子の方を見た。女の子もじっと私を見ている。

あたしママがしゃべるときでないとしゃべれないの、〔ルビ：さいしょはてがみもくれたけど、いまはもうほった〕あたしがしゃべってるの聞こえる？あたしよ、〔ルビ：らかしでしょ、みぼうじんみたいなもんですよ〕私は女の子を見てうなずいた。女の子も微かにうなずいた。普通の精神状態だったら驚いただろうが、熱で視界に陽炎がゆらめいていたので、テレパシーとはこういうものかと単に納得した。

（村上龍『村上龍料理小説集』1988 年、集英社）（岡田 2003: 162-163）

　この村上作品のルビ表現は、母親が話す時にだけテレパシーとして少女の声が重なって聞こえてくるという設定に使用されている。このレトリック効果は、まさに Bakhtin（1984）がドストエフスキーの作品を比喩的に表現したポリフォニー現象である。二つの独立したキャラクターのヴォイスが、重なり合いながら別々に響いているのだ。

　この二つのヴォイスを言語で具現化できるのは、日本語にルビ表現が記号資源として存在するからである。ルビ表現は、二つの全く異質なヴォイスを視覚的に重ねることができる。村上龍は、その資源を利用し、主人公の熱に浮かされたような不思議な感覚を見事に言語で表現している。この村上龍のレトリックを岡田（同 163）は「語り手の『私』が『テレパシー』的に感受している『女の子』の言葉が大文字表記で表され、耳に聞こえている『女』（母親）の言葉が小文字表記で表されるとともに、『私』が娘の言葉に注意を集中しながら同時に母親の言葉も聞き取っていることが、両表記の並記によってきわめて効果的に象徴されている。並記表記を使わずに、これだけのことを、これだけ簡潔に表現できるとは考えられない」と論じている。

　近年のマンガにも、このレトリックが観察できる。下の例は、竹内友（2014）の競技ダンスをテーマにした少年マンガ『ボールルームへようこそ』

94

からの引用だが、一人のキャラクターの表と裏の違ったヴォイスがルビ構造で表現されている。

(8)　千夏「はン / 都民大会が楽しみだわ」（プッ）［電話を切る音］
　　　千夏「聞いてよ　たたら / 明たちもＡ級戦に / エントリーしてるんだって！」
　　　「応援に来い」とか / ぬかしてきたから / 撥ね除けてやったわ」
　　　千夏「絶対　優勝 / しなきゃね」
　　　多々良　Ｍ［気持ちの良い / 試合ができる / 可能性も / ゼロかッ・・・・］3

　　　　　　　　　　　　　　　　　（『ボールルームへようこそ』7: 15）

　このシーンは、アマチュア競技ダンサーである千夏という勝気なキャラクターが、主人公の多々良とペアを組んで都民大会に出ることになったところから始まる。そこへ、自分がライバル視している明からの電話で、彼女も同じ競技会に出ると知り、闘志をむき出しにして（8）の会話につながる。親文字もルビも他より大きなフォントで表記され「絶対優勝しなきゃね」という表向きの豪語と、彼女の負けず嫌いな本心を表現するヴォイス「あの女に吠え面かかせてやる」が、重ねられている。その二重のヴォイスを多々良は彼女の表向きの声だけで感じ取っているという設定だ。マンガ絵では、彼は彼女に背を向けていて、背中越しに千夏の発話を聞いているのだ。「心の声」全体をルビにするという作者の創造的な手法が、多重のヴォイスを視覚的に表現し、勝気な千夏のキャラクターを立てるのに役立っている4。

3　マンガのテキストを引用する際、Ｍ［…］はモノローグ、もしくは心内会話を表す。通常の吹き出しのダイアローグは「…」で示す。また、一つの吹き出し内の段変えは / で区切って示す。
4　マンガ評論家の夏目（1999: 101）は「マンガの設定作劇の上で、主要登場人物に特異な印象と魅力を与えることに成功し、読者と物語をひっぱっていく力をえたとき、“キャラクターが立っている”と称する」と説明している。

このように、二重構造を持ったルビ表現は、その構造ゆえにさまざまなヴォイスを談話に導入する機能がある。純粋無垢な子どもの声と重なって聞こえる複雑な女心の真実の声。「優勝しなきゃね」という声に潜む真実の声。これらのヴォイスは、ルビ構造が具現化するキャラクターの心的描写であり、キャラクター性を表現しているのである。

4.4. 情報伝達としてのルビ、詩的表現としてのルビ

4.4.1. 「やさしいニュース」とルビ表現

第3章（3.3.2）で、日本語の文字表記には、日本語話者が共有している規範的なルールがあり、そこから外す選択をしてデザインすると表現を重視する主体の意図が前景化されると述べた。八天堂の「くりーむパン」の商品名で外来語の「クリーム」がひらがな表記にされているケースを分析したが、規範を外すことで文字のビジュアル性が前景化し、ひらがなが持つ「やさしい」イメージを創出することができると主張した。一方、食品の原材料名を消費者に知らせるという意図の原材料名ラベルでは、食品表示法に基づいて表記しなければ消費者に伝わらないので、創造的な表現は選択されず「標準」とされる表記が選ばれる。この場合、「クリーム」のビジュアル情報は後景化する。

ルビ表現を記号資源として使ったコミュニケーションも同様である。たとえば、メディアを制作する側の意図が、日本語があまり読めない外国人に災害時の注意事項をわかりやすく伝えるというような場合は、ピクトグラムや、インフォグラフィックを使用したり、漢字の使用を控えたテキストにしたり、英語を使用したり、総ルビ・総ボイスのメディアを制作したりするなど、与えられた記号資源の中から最適だと思われるものを選ぶ。

実際、今年になって「やさしいニュース」が、テレビ大阪のローカルニュースなどで始まり、子どもや高齢者、日本語学習者を対象オーディエンスに

想定し、マンガの吹き出しや、ラインのステッカー、カラフルなテロップや、ルビも適時使用するなどビジュアルなイメージを強調し「見るからにやさしい」番組を目指している[5]。NHK も「NEWS WEB EASY やさしい日本語で書いたニュース」というウェブサイトでニュースを発信している。わからない単語の意味をチェックできる辞書機能もつき、またニュースのヘッドラインも「日本（にっぽん）で働（はたら）く外国人（がいこくじん）を増（ふ）やすための法律（ほうりつ）の案（あん）　政府（せいふ）が決（き）める」など和語を中心に総ルビ表記が用いられている[6]。さまざまなマルチメディア機能もついていて、ルビが不必要な人たちには、ルビを隠す機能もついている。一方、上のニュースと同じ日の NHK NEWS WEB は、日本語母語話者を対象にしているため、同じニュースのヘッドラインが「"外国人材法案"を閣議決定　新たに2つの在留資格」となっていて、ルビなしで漢語が多く用いられている。この二つのタイプのニュースのイメージやヴォイスは、大きく違っているが、両方ともそれぞれの目的に応じたコミュニケーションのデザインがなされていると言える。

　文芸作品やポピュラーカルチャーに用いられるルビも、作者が目的に合わせて意図的に選ぶ。そういった意味で、物語性の高い作品や J-POP の歌詞は、ルビの選択が作品のプロットや文体の選択と同じく作品の一部になるので、たとえば、作家の手を離れて、出版、流通の段階でルビの有無などが変更されると、作品のメッセージが変わってしまう場合もある。以下に文芸作品から実例を2つ引用してこの点を検討する。

4.4.2.　文芸作品に見られるルビ表現

　先に「表現としての振仮名」を提唱した今野（2009）は、文芸作家が意図的に選択する振仮名が、その作品の大事な表現の一つであることを強調して

5　テレビ大阪の「やさしいニュース」ホームページ参照　http://www.tv-osaka.co.jp/yasashii/news/（最終アクセス 2018.11.4）
6　NHK https://www3.nhk.or.jp/news/easy/（最終アクセス 2018.11.2）

第 4 章　ルビ表現の詩学　97

いる。たとえば、1965 年の夏目漱石没後 50 周年を機に、春陽堂から出版された
ウーブル・コンプレート『夏目漱石全集』は、単行本の 15 冊分を 1 冊に収めるために、本文の活字が 7 ポイントと小さくされ、そのため振仮名もついていない。また、「新たな当用漢字の採用」で、「硬い」が「堅い」に変わるなど、漢字の選択自体も変えられたケースがあるようだ。今野（2009: 218-219）は夏目漱石の『虞美人草』からの一節を、コンプレート版とオリジナル版の両方を引用して比較しているが、ここではその引用の最初の会話部分だけを抜き出して紹介する。

コンプレート版
「藤尾さん、ぼくはとけいがほしいために、こんなすいきょうなじゃまをしたんじゃない。小野さん、ぼくは人の思いをかけた女がほしいから、こんないたずらをしたんじゃない」

単行本（オリジナル）版
「藤尾さん、僕は時計が欲しい為に、こんな酔興な邪魔をしたんぢやない。小野さん、僕は人の思いをかけた女が欲しいから、こんな悪戯をしたんぢやない」

　両バージョンを比べてみると、ビジュアル的に全く違ったイメージを与えることが分かる。オリジナル版が、明治時代特有の雰囲気を醸し出しているのに対して、コンプレート版は、ひらがなが多く、少年少女向けの物語のような雰囲気さえある。たしかに、コンプレート版は、「楽に読める」日本語で表記されている。しかし、今野が論じているように「書き方」も本文と切り離して考えることができないと考えると、コンプレート版は、もはや漱石の『虞美人草』ではないと言える。コンプレート版からは漱石らしい「ヴォイス」が感じ取れないのだ。

98

　本研究の主張である日本語の文字のマルチモダリティを想定することによって、この二つのバージョンの違いをヴォイスの違いとして捉えることができる。第3章で、書体はバーバル記号に付加するビジュアル記号であり、レイアウトと同じく選択によっては全く違ったメッセージを生成すると主張した。この『虞美人草』のケースでも、歴史的仮名遣いやルビを使用した表記と、使用しない表記とでは全く違うメッセージを生成すると言える。仮名遣いやルビの選択も、漱石がある表現を意図してデザインしたレトリックの一部だからである。

　このようなケースは、古典や翻訳本をどう捉えるかという問題にまで発展する。たとえば、『源氏物語』を現代語翻訳版で読む場合、「作家」が意図して書いた「本物」を読んでいることにならない、という問題だ。そもそも『源氏物語』は原本が残されていないので、「本物」を読むことはできない。当時は印刷技術もなく、筆写によって物語が後世に伝えられたのだ。書写を重ねるうちにさまざまな人の解釈が、文体や書体に影響を与えたかもしれない。外国語への翻訳も同じだ。日本のマンガを英語版で読んでいる人は、作者が日本語で意図した表現を十分に味わうことができないだろう。

　しかし、現代語で表現する『源氏物語』も、古典を元にした別の作品と考えることができる。すなわち、現代語版も一つの完成した作品であり、原本と同じ作品ではないが、それはそれで別の作品として鑑賞できる。翻訳者や現代の読者の解釈が、現代語版の新たな表現として具現化されるのだ。メディアをクロスする場合にも同じことが言える。たとえば、『源氏物語』を基にした少女マンガ『あさきゆめみし』（大和和紀 1993）や、古代ギリシアの詩人ホメロスが執筆した叙事詩『オデュッセイア』を基に創られたビデオゲームのシナリオは、失われるものと新しく得られるものが共存する[7]。それぞ

---

7 『オディッセイア』に基づいたビデオゲーム制作については、Burn（2009: 128-131）、バーン（2017: 193-197）を参照されたい。

第 4 章　ルビ表現の詩学　　99

れのメディアのアフォーダンスを考慮した表現資源があり、その資源に基づいてデザインされた作品は全く別の「本物」になると考えられる。

　もう一つ、ルビや文字表記の選択が作品の重要な要素になっている例を挙げる。2013 年に芥川賞を受賞した黒田夏子氏の『ab さんご』という作品からだ。この本には 4 つの物語が掲載されているが、『ab さんご』は、2013 年に出版された小説で横書きになっている。そのため、本も左閉じだ。またテキストの文字選択もほとんどがひらがなで漢字が極端に少ない。Newsweek 日本語版（2013 年 1 月号）のコラムで冷泉彰彦氏は、ひらがなを多用した『ab さんご』のテキストからは「浮遊感」を感じるとコメントしている[8]。確かに、夢の中ではっきりとしないものを見つめ、ふわふわとした雲の上を歩くような感覚を覚える作品だ。この物語は、70 歳の作者が、「小児」「七さい児」だった自分のヴォイスで書いた小説だが、こどものヴォイスを表現するためにひらがなが使用されていると考えられる。70 歳の大人である作者のヴォイスが「小児」のヴォイスに絡まり独特の表現を醸し出すのだ。ひらがなにいくつかの漢字語を挿入することで、「小児」のヴォイスを大人のヴォイスと対比させ、「ポリフォニー」効果を生み出し、また和文を横書きにすることで「回想的な浮遊感」を可能にしていると言える。

　一方、残りの 3 作品『鞠』『タミエの花』『虹』は縦書きで、スタイルは作者自身が「（小説として）じんじょうな姿をした」形とコメントするように、「<ruby>甃<rt>いしだたみ</rt></ruby>」「<ruby>愕<rt>おどろ</rt></ruby>き」や「じゃんけんで紙<rt>パー</rt>」「石<rt>グー</rt>」「鋏<rt>チョキ</rt>」など、小説らしい表現の選択が見られる。この二つの全く違ったタイプの作品から成る本は「リバーシブル」になっていて、左開きで読み進む『ab さんご』の終わりと、右開きで読む『虹』の終わりが真ん中で出会い、作者の「なかがき」が真ん中に付けられている。この本は作者の芥川賞受賞年齢やユニークな装丁などで話題になったのかもしれないが、物語をどう語るかだけではなく、どう書かれる

8　https://www.newsweekjapan.jp/reizei/2013/01/ab.php（最終アクセス 2018.11.4）

か（表記、レイアウト）、どういう形の本になるか（装丁）も、作品の解釈に大きな違いをもたらす例だと言える。 メディアの父と言われる McLuhan (1964) が「メディアはメッセージである（the medium is the message）」と言ったが、『ab さんご』は、McLuhan の言葉通りの作品例だと言える。

第5章 ストーリー・マンガの詩学

5.1. ストーリー・マンガ

5.1.1. 戦後のビジュアル・カルチャー

　世界中で人気を博する日本のマンガは、ビジュアル記号にバーバル記号を融合させてストーリーを展開するマルチメディアである。「マンガの神様」として知られる手塚治虫は、戦後の日本で、マンガを通して戦争の悲惨さや命の大切さなど人道的なテーマを物語形式で語り、子どもだけでなく男女を問わず広く大人にも感動を与える作品を展開していった（Ito 2008: 35-36）。手塚の作品は、一貫したナラティブを持った物語を言葉と絵で表現するマンガであった。「お笑い」が目的のギャグマンガとは異なったジャンルとしての、「ストーリー・マンガ」の誕生である。マンガの技法もクローズアップやフレーム・視点のシフトなど映画の技法が多く取り入れられ、戦後のマンガ家に大きな影響を与えた（Ito 2008: 36）。

　マンガ評論家の夏目（1999: 199）は、手塚の功績について次のように述べている。まず手塚は、絵とコマ構成によるマンガ表現のしくみを変えることで「多様な心理表現を可能にし、それによって複雑な心理劇をマンガで可能にした」と述べている。これが、戦後のストーリー・マンガの発展につながったと言うのだ。たとえば、手塚は、ストーリー・マンガに不可欠なキャラクターの複雑な心理をマンガ絵で表現するため、顔の表情の要素である眉、目、鼻、口などを分解し、それぞれに何種類か形のバリエーションを与えた。これが「漫符」と呼ばれる記号で、第1章（1.3.1）でも紹介した絵文字の開発にも貢献した記号である。手塚は、この漫符の組み合わせを変えることで、

人の多様な心理をマンガで表現したと言う。

　1960年代に『少年ジャンプ』などの少年マンガ雑誌の刊行が始まり、数年遅れて『少女フレンド』や『なかよし』などの少女マンガ雑誌が出現した。ストーリー・マンガというジャンルを確立したのは、これらの少年少女マンガだと言える。また、少女マンガ雑誌には、かわいいマンガ絵のシールやカードなどの付録がつけられていたが、この「ファンシーグッズ」のデザインなどを通して、少女たちがきれいでかわいいものを好み、少年マンガのファンが好むような血なまぐさいものを嫌い、子どもとも大人とも異質の美しく清らかな心を持つ「少女」としてのアイデンティティを持つきっかけになったと言われている（Ito 2008: 39）。

　日本マンガの翻訳家・研究家として知られるSchodt（2012 ［1983］: 88-89）は、少女マンガを「picture poems（視覚詩）」と呼び、少年マンガとの表現の違いを指摘している[1]。たとえば、言語表現は「フラワー」「恋に落ちる」「王子様」などお伽話的な表現が多く、ビジュアル表現もパステルカラー、主人公のデフォルメ的に大きい目（必ず星がいくつか入っている）などの独特のマンガ絵、背景画（特定のキャラクターの属性を描写する花）など、このジャンル特有の表現技法が確立されている。

　もっとも、少女マンガ独特のビジュアル表現は、明治・大正時代に人気を博した少女雑誌の挿絵や文字表記にさかのぼると考えられる。明治35年に金港堂書籍から、日本で最初の少女雑誌『少女界』が発行されて以来、大正、昭和へかけて多くの少女雑誌が刊行された（村崎 2015）。そういった意味で、現代の少女マンガ、そして平成の乙女ゲームは、大正・昭和初期に人気があった詩情たっぷりの少女雑誌が表現したビジュアル・カルチャーの再生だとも言える。村崎（2015）は、著書『乙女のふろく　明治・大正・昭和の少女

1　アメリカ人であるFrederik L. Schodt（フレデリック・ショット）氏は、手塚治虫の『火の鳥』、池田理代子の少女マンガ『ベルサイユのばら』など日本のストーリー・マンガを代表する作品を英語に翻訳し、手塚治虫と共に日本のマンガを世界に広めるのに貢献した。

雑誌』で、与謝野晶子など当時の女流作家の散文や、北原白秋などの詩、そして竹久夢二や中原淳一などの挿絵などを使用した付録グッズ（双六や「お手紙」セットなど）を紹介し、少女雑誌が少年雑誌とは異なるビジュアル・カルチャーを展開していった様子を伝えている。『刀剣乱舞』などの21世紀の少女に人気があるゲームや、少女マンガ、ビジュアル系歌手など、戦後のビジュアル・カルチャーは、そういった明治や大正時代の少女雑誌の表現の延長線上にあるとも言えるのではないだろうか。

5.1.2.　ビジュアル記号としての文字

　上で紹介したSchodt（2012［1983］: 25-26）は、ストーリー・マンガが日本で誕生し、高度な芸術へと発展していった要因の一つに、日本語の文字のビジュアル性、特に漢字という文字の存在が挙げられると述べている。漢字はアルファベットと違い表意的で、形から意味を知ることができる。そんな漢字を使用する日本人は、もともと言語に絵を融合させたマンガのようなビジュアル・コミュニケーションを好む傾向があるからだと説明する。そして、そのビジュアル性を最大限に活かしたマンガの技法とレトリック法で、日本のマンガは「世界で初めてコミックというメディアを文学や映画のレベルに引き上げようとした」と評価している（Schodt 2012: 8）。

　Schodtが指摘している文字のビジュアル性は、漢字に限らずひらがな、カタカナ、ローマ字にも存在する。もちろん、漢字は表語文字として特にビジュアル性が強い。しかし、日本語の4種の文字が、マンガの中でそれぞれ違った表現に使用されていることは、意外に知られていない。日本語の文字は、規範から外して文字種を変換させることでビジュアル性が前景化される場合が多いが、その言語特有のレトリックを日本のマンガは物語の描写やキャラクターの表現に最大限に利用しているのだ。本章は、少年少女マンガからの実例を引用しながら、そんなマンガの表現法を検討する。

5.1.3. 絵記号としてのオノマトペ

日本のストーリー・マンガに欠かせない表現法の一つに、オノマトペ（擬態語、擬声語、擬音語など）がある。日本語のオノマトペは、奈良時代に編纂された『古事記』に見られるほど古くから存在する表現だが、走る足音「タッタッタ」、小鳥の鳴き声「チチチチ」、気づきを表す「はっ」、静まり返った様子を表す「しーん」など、通常の言葉で表現しにくい心理描写や五感を短く端的に表現し、マンガをはじめとするビジュアル・カルチャーのテキストには不可欠な表現手段である[2]。

夏目（1999）は、戦後のマンガが独自のオノマトペを進化させたと述べ、そのマンガ独自のオノマトペを「音喩」と呼んでいる。そして、『ん゛も゛〜！』など、本来濁点のつかない文字に濁点のビジュアル性を利用して強調したものや、何かをほおばる際の「はも」という擬音語など「ほとんど傍若無人、変幻自在の言語分野となった（84-85）」と述べている。さらに、夏目は「（音喩は）音声言語としての側面と、描かれた文字＝絵としての側面をあわせもつ。つまり音声記号でありつつ画像記号でもあるワケで、マンガの表現分析をするさいには特有の単位として扱う必要がある」と指摘する。

確かにマンガに特徴的なオノマトペは、小説などのように副詞として文章に組み込まれる表現（「猫がソファーの上でスースー寝息をたてて寝ている」）と違い、レイアウト的に文章から切り離され、絵のように個別に描かれる表現が圧倒的に多い。そのため、マンガのオノマトペは通常、吹き出しの外に手書きで描かれる。また、表現したい内容によって、絵のように太い毛筆調の文字であったり、シャボン玉のようにふわふわした丸い線であったりする。書く方向も自由自在である。マンガの吹き出しの会話は縦書きと決まっていて、ナレーションや独白などは、横書きと縦書きが併用される。一方、「絵」としてのオノマトペは、ページを斜めに切り裂いたり、文字の方向が逆を向い

---

2 『古事記』や『日本書紀』に確認できるオノマトペの詳細は、小野（2009）を参照されたい。

たりする場合もある。また、マンガのオノマトペとして使用される文字は、カタカナとひらがながほとんどだ。漢字がオノマトペになっているケースは下記（5.1.4）にて紹介するが、オノマトペに漢字やローマ字が使用されるケースは非常に限られている。

　オノマトペに使用される文字が、マンガ絵として機能する事実は、日本語の文字がバーバル記号にビジュアル記号が付随したハイブリッド記号であるという本書の主張をさらに裏付ける。3.1.1でも述べたが、文字表記が言葉の意味とは別の意味を表出する場合がある。たとえば、お正月のお年玉袋のデザインとして、「ハローキティ」の表記が縦書きで「はろうきてい」とひらがなで表記されている例などだ。日本語話者は、この表記から和風でやさしいという意味を感じ取ることができる。この意味は、バーバル記号としての言葉の意味とは別の文字やレイアウトのビジュアル記号としての意味であると主張した。

　この文字のビジュアル性が、マンガのオノマトペの文字選択に影響を与えることを指摘する研究がある。日米のコミックの擬音語について調査したPratha, Avunjian & Cohn（2016）は、その中で日本の少年少女マンガに使用されるオノマトペのタイプとその文字表記の関係について量的な分析の結果を報告している。この報告によると、日本の少女マンガは少年マンガに比べて擬態語の割合が圧倒的に多く、少年マンガの倍以上であることが示されている。逆に、擬音語は少年マンガの方が1.5倍ほど多い。次に、擬音語に使用される文字表記についても分析されているが、少女マンガはひらがなとカタカナがほぼ同じ割合で使用されていることが示されている。これに対して、少年マンガの擬音語は、ほとんどがカタカナ表記である。つまり、少女マンガは、少年マンガより擬音語において、ひらがなの使用が多いことが示されている。

　この結果について、Pratha, Avunjian & Cohnは、ジャンルの違いを指摘し少年マンガは剣がぶつかり合う音など、物の音を表す表現が多く使われる

が、少女マンガは、人や動物などが発する音の表現が多いからだと分析している。この量的研究には、分析した作品名は載せられているものの、実際の例が示されていないので不明な点も多い。しかし、日本語のマンガに使用される擬音語・擬態語の表記は、ジャンルによって違うことが示された。また、マンガに使用されるオノマトペは、アイコン（icon）だと分析している点が夏目（1999）の「音喩」の論点と一致して興味深い。

5.1.4. マンガの創作漢字

Schodt（2012）が指摘しているように、日本のストーリー・マンガにとって、漢字は切っても切れない重要な表現の一つである。たとえば、歴史剣術系の少年マンガには、多くの漢字語が使用される。苛烈を極める世界の設定や戦国武将のキャラクターイメージを、マンガ絵と共に漢字のビジュアル性で表現するためだと考えられる。

現在、最も読まれているマンガ雑誌は、少年少女マンガだと言われている（Schodt 2012: 13）。少年少女マンガは、小学生から高校生ぐらいまでを対象とし通常全ての漢字にルビがつけられる。これを総ルビと呼ぶが、漢字が読めない子供でもマンガが読めるようにという配慮からだとされている。しかし前章（4.4.1）で考察した「やさしい」日本語ニュースや災害ニュースなどの総ルビメディアと違い、少年少女マンガには、ルビを伴った創作漢語や難解な漢字を多用する作品も多い。

たとえば、久保帯人の人気マンガ『BLEACH』のケースなどだ。世界中で人気を誇る少年マンガ『BLEACH』には、（1）のように創作漢語にカタカナ表記のルビが付く固有名詞が多用されている。

（1）　尸魂界（現世とは別の世界で死神が住む場所　Soul Society）
　　　虚夜宮（敵の本拠地 Las Noches）

第5章　ストーリー・マンガの詩学　　107

　「ソウル・ソサエティ」は「魂の世界」という意味の英語からの、「ラスノーチェス」は「夜」という意味のスペイン語からの外来語だが、このマンガのアニメ版では単に「ソウル・ソサエティ」「ラスノーチェス」という表現が使用され、マンガやアニメ番組のホームページなど、書記メディアのテキストにおいてのみ（1）のように創作漢語を伴う。漢語を使用せずに、「ソウル・ソサエティ」とカタカナだけで表記する選択もあったのに、あえて「尸魂界」という意訳的な漢字を含む創作漢語を本文として当てたのはなぜか。漢字が他の3種の文字と異なるのは、明らかにその表意性だ。すなわち、表語文字として見た目で意味が理解できる場合が多いのだ。（1）の「ソウル・ソサエティ」も「尸が魂となって住む世界」のような意味を、日本語話者は漢語を見ただけで思い浮かべることができる。「虚夜宮」に至っては、「虚」や、「夜」、「宮」などの漢字の語義から沸き起こる「もののあわれ」や、ロマンチシズムを感じることができ、外来語の語音「ラスノーチェス」と響き合って詩的な表現になっている。

　小矢野（2003: 38-39）は、「戦闘モノ」ジャンルの少年マンガから（1）に類似したケースを紹介している[3]。

（2）「四方封印陣」（青木たかお「ベイブレード」）
　　　「勝利竜巻」（青木たかお「ベイブレード」）
　　　「音速突破」（てしろぎたかし「音速バスタ DANGUN 弾」）
　　　「烈風銀河」（てしろぎたかし「音速バスタ DANGUN 弾」）

　（1）は、パラレルワールドの固有名詞であったが、（2）は全て「必殺技」や「テクニック」の名前だ。小矢野は、このようなルビを伴った漢語について「漢字の音読みが出来、かつ、漢字語の概念が理解できた上で、さらに外

3　これらの例は『コロコロコミック』2002年3月号から引用されたと記されている。

国語との連関を理解する能力のある読者しか、漢字表記とカタカナルビの関係を知ることが出来ないのではないか（39）」と述べている。

このような例に見られる漢字は、ビジュアル記号としての機能が前景化されているという見方もできる。少年少女マンガには漢字をイメージとして使用する例が多く見られ、漢字の意味が分からない読者も「絵」として解釈する場合もあるからだ。たとえば、少年マンガ『ONE PIECE』に出てくる海軍本部の看板に「海軍」、その海軍のユニフォームの背中にも「正義」という漢語が使用されているが、『ONE PIECE』が欧米語で出版される場合も、これらの漢字は「絵」としてそのまま残される。

また、Schodt（2012: 26）は、手塚治虫の『火の鳥』の一コマから漢字が絵文字として使用されている例を紹介している。そのコマでは、男が峠を越えて手前に走ってくる様子と共に、「怒」と真ん中に一字だけ大きく描かれた吹き出しがコマの3箇所に置かれている。注目したいのは、それぞれ漢字の大きさが違うことだ。すなわち、絵の技法である遠近法を使って、「怒」の文字サイズを手前に近づくにつれ大きくしているのだ。これは、「怒」という漢字をビジュアル記号として使用することで、言葉にならない男の強い怒りをビジュアルに表現しようとする試みだ。また、このような例は、上で検討したマンガ絵としてのオノマトペと同じ表現法だと言える。これらの技法（文字を絵文字として使用する技法）は手塚のオリジナルだと言われているが、現代のマンガ家にも引き継がれている。

5.1.5.　漢字語で表現するパラレルワールド

ここでもう一度、上で紹介した久保帯人の『BLEACH』を取り上げて、その世界設定と表現法の相関関係を見てみたい。まず、作品のストーリーを簡単に説明する。『BLEACH』は、剣術系ジャンルの少年マンガで、主人公は高校生の黒崎一護という少年だ。ある日、一護は尸魂界からの死神・朽木ルキアと出会い、悪霊である虚の退治を手伝うことになる。やがて、

第5章　ストーリー・マンガの詩学　109

尸魂界（ソウル・ソサエティ）へ侵入し、ルキアの処刑阻止を成し遂げる。現世に帰還した一護は、新たな「悪」との決戦に備え、ルキア達、尸魂界（ソウル・ソサエティ）の援軍と共に修行を開始するが、仲間が拉致され、また闘いが始まる、というようなストーリーだ[4]。

　『BLEACH』は、能楽のように現世と「死神」や「人ならざるもの」達が住むパラレルワールド（異世界）の二つの世界を行き来するキャラクターの物語である。（1）で見た「尸魂界（ソウル・ソサエティ）」は、その異世界の一つで、死神が住む世界の名前だ。二つの世界の対極性が主人公の服装にもはっきりと表れている。現世では普通の高校生で白地のシャツの制服や私服を着ているが、戦闘モードの死神の世界では黒い着物に袴、巨大な剣といった出で立ちになる。そして、このような二面性が、作品を通してキャラクターたちの描写や会話にも表れている。このような対置は、現代の中学生や高校生が経験している平穏な生活を、常に身のまわりに危険が伴う異世界と強く対比させる効果があり、戦国時代的な世界の利那感や激烈な戦いの世界を浮き彫りにする効果がある。そして、その対比的な世界が言語表現や文字表記によっても強調されている。

　たとえば、尸魂界（ソウル・ソサエティ）からのキャラクターは、少女であっても謝罪の言葉に「済（す）まぬ」（104）など、侍的な表現を使用する。また、尸魂界（ソウル・ソサエティ）は日本の武士社会のように、総隊長をトップに封建制度的な階層社会になっていて、キャラクターたちは現代人がイメージしている戦国武将的な言葉を使って話す。文字表記も「若（も）しくは」「即（すなわ）ち」「但（ただ）し」「見倣（みな）す」「漸（ようや）く」「躱（かわ）す」「軋（きし）れ」など、今の日本語では漢字で表記されない言葉がルビ付きの漢字語で書かれている。（3）は、主人公一護のクラスメートで、不思議な霊力を持つ織姫というキャラクターが、敵に拉致され、一護と尸魂界（ソウル・ソサエティ）のキャラクターたちが救出に向かうべく総隊長に願い出るシーンだ。しかし、総隊長は、織姫が自分の意思で敵地に向かった裏切り者だと考えていて、救出に向かうことを許さ

4　『BLEACH』27巻の「plot」より一部引用。

110

ない。そこで機転を利かした恋次が織姫を「連れ戻す」という名目で、敵地
に乗りこもうとするが、それも総隊長は許可しない。

(3)　恋次：　それでは / これより
　　　　　　　日番谷先遣隊が一 / 六番隊副隊長 / 阿散井恋次
　　　　　　　反逆の徒 / 井上織姫の / 目を覚まさせる為 / 虚圏へ / 向かい
　　　　　　　ます！
　　　一護：　恋次・・・！
　　　総隊長：ならぬ
　　　一護：　!!!
　　　総隊長：破面側の / 戦闘 準備が / 整っておると / 判明した以上
　　　　　　　日番谷先遣隊は / 全名　即時帰還し / 尸魂界の守護に / つい
　　　　　　　てもらう
　　　ルキア：それは / 井上を・・・
　　　　　　　見捨てろと / 言うことですか・・・
　　　総隊長：如何にも
　　　　　　　一人の命と / 世界の全て
　　　　　　　秤に掛ける / 迄も無い　(98-99)

　　このシーンでは、尸魂界の非情さや主人公たちの心理をオノマトペ、言
語形式、和服や背景の黒ベタなどで表現している。そして、漢字語の多さが
ビジュアル的にもこの厳しい世界を強調している。もちろん、作者はこのよ
うな漢字語を、少年マンガの中心読者が全て理解していると想定していない。
少年マンガが総ルビであるがゆえに、作者が自由に作品のイメージに合った
漢字語を選択できるのだ。創作漢語が多いのも、同じ理由だと言える。ペー
ジいっぱいの「黒」のイメージと共に散らばる漢字語は、ビジュアル記号と
してこのマンガの意味生成に大きな役割を果たしている。

第 5 章　ストーリー・マンガの詩学　　111

　また、このような漢字語は、日本人が共有している「武士道」の厳しさと
同時にその美学のようなものを表現していると言える。拳術マンガ『北斗の
拳』は、「強敵」を「きょうてき」ではなく「とも」と読ませる。これも武
士道の精神に則った考えだと言える。剣術・拳術系の少年マンガの主要キャ
ラクター達は、大義のある戦いに勝つために厳しい試練に耐え、修行を重ね、
自我を捨て、恩人や仲間への忠誠心を持って行動する強くてかっこいい、と
もすれば現代人に欠けている誇り高い生き方を貫くヒーローたちなのであ
る。

　漢字語で描写される異世界とは対極的に、『BLEACH』が現世の高校のク
ラスメートたちとの会話を描くシーンでは、若者らしい発話がひらがなとカ
タカナで表記されていることが多い。たとえば、次の例は主人公の一護が
尸魂界から現世に帰還して、久しぶりに高校に行ってクラスメートと話す
シーンだ。

（4）　級友 1 ：イチゴ / イチゴイチゴ

　　　　　　イチッ・・・

　　　　　　ゴーーーーー !!!

　　　　　　ひさしぶ

　　　　　　りっヒ

　　　級友 2 ：ホント / 久しぶり！

　　　　　　何してたの /1 か月も休んで？ / 心配したよ！

　　　　　　ケータイも / つながんない / しさァ

　　　一護：　あァ /・・・悪りィ

　　　　　　ちょっと / 忙しかったんだ（112）

ここでは、クラスメートが久しぶりに学校に出てきた一護を歓迎する喜び
に満ちた様子が、現代の若者言葉で表現されている。そのノリの良さとポッ
プ感に溢れた表現は、上の（3）のような異世界の会話と強いコントラスト
を生み出している。また、色彩表現も白が多く、漢字語が少ない。主要な表
記は、カタカナとひらがなだ。このように、一つの作品の中に共存する2つ
の世界の対極性が、マルチモーダルな手段で表現されている。漢字語は、そ
の中でもビジュアル情報を発信する重要な表現だと言える。『BLEACH』の
みならず、最近は異世界と現世を行き来する歴史ファンタジー作品のマンガ
やライトノベルが多いが、世界観を表出するレトリックの一つに文字のビジ
ュアル性を使用する作品が多い。

5.1.6. カタカナ・ローマ字で表現する武士道

　最後に、近年の剣術系、戦闘モノの少年マンガに、漢字語と共に、カタカ
ナやローマ字表記の言葉が多い理由について考えてみたい。先に小矢野
(2003: 38-39) が『ベイブレード』などから引用しているように、近年の剣術
系、戦闘モノの少年マンガには、漢語にカタカナのルビをつけて、異世界の
固有名詞や技の名称にする場合が多い。第3章（3.1.2.3）で、カタカナやロ
ーマ字で表記された言葉は「ソト」や「外国」という意味を表すことができ
ると述べた。また、現代人にとってローマ字は、「夢」や理想を表現する文
字であるということも検討した。たとえば、「工場」と書くより「ファクト
リー」と、カタカナで書いた方がモダンなヴォイスを表出できる。また、野
球の国際大会の際に結成される日本代表チームの名前も、「侍ジャパン」「侍
JAPAN」「SAMURAI JAPAN」とカタカナやローマ字で表記される。これら
の文字が「国際」「世界」というビジュアルイメージを与えるからであろう。
カタカナやローマ字はグローバル社会に生きる現代の若者にとって「モダ
ン」で「かっこいい」というアイデンティティの表現ともなる。

　そのため、『BLEACH』を始め『NARUTO』『ONE PIECE』『DRAGON

BALL』など、近年の少年マンガは英語のタイトルを採用している作品が多い。『BLEACH』（第27巻）に至っては、コミック本の各エピソードのタイトルも「The Sun Already Gone Down　ザ・サン・オールレディ・ゴーン・ダウン」のように英語がローマ字とカタカナで表記されている。そして作品を通して英語やスペイン語などの外来語を取り入れ、日本の若者が共有している外来語・外国語に対する「かっこよさ」や「外の世界」のミステリアス感をうまく表現しているのだ。武士道をイメージさせる漢字語と組み合わせて外来語をルビとしてつけるのは、そんな現代の若者のアイデンティティを意識した表現で21世紀のグローバルなBUSHIDOの美を表現しているのではないだろうか。

5.1.7.　スポーツマンガの漢字

　剣術系、戦闘モノの少年マンガで漢字語が世界設定に使用される例を検討したが、漢字語は、剣術系以外のジャンルのマンガにも多用され侍的なキャラクターを立てるのに使用される。たとえば、スポーツマンガだ。この点について、Schodt（2012: 79-81）は、スポーツジャンルには、「よく武士道的なメタファーが使用され、厳しいトレーニングと自己鍛錬が大事な勝負の世界を浮き彫りにする機能がある」と述べている。テレビメディアなども、オリンピックや高校野球のトーナメントを「〜日間の熱い戦い」と表現したり、野球の日本代表チームを「侍ジャパン」、サッカーの日本代表チームを「SAMURAI BLUE」と呼んだりして、比喩的に武士道のイメージと結び付けている。そのスポーツにおける厳しい勝負の世界を表現するために、スポーツ・マンガは剣術系マンガのように漢字語を使用することが多いのだ。

　剣術系の表現をスポーツジャンルに取り入れるなど、一つのジャンルの体系に他のジャンルの体系を引用することで意味が際立つ現象を、文学の世界では「間テキスト性（intertextuality）」と呼ぶ（Kristeva 1980: 15）。間テキスト性は、第3章（3.4）で紹介したBakhtinの多重の声に深く関係する概念だ。

114

メイナード（2008）は、この概念を文学以外のテキストに適用し、言語表現だけではなくビジュアル記号などマルチモーダルな表現が交錯して新たな意味を生成する「間ジャンル性」を提唱している。間ジャンル性について、メイナードは「ジャンルとジャンルが遭遇するところで生まれる意味や効果を指して言う」と説明している（2008: 23-24）。以下にメイナードを引用する。

　　異なったジャンルが得意とするイメージを持ち込むことで、異なる世界をミックスさせ、そこに単一の世界にはない豊かな世界が生まれる。それは、複数の声が響き渡る複雑な世界である。マルチジャンルのディスコースは、複数のジャンルの異なった効果を利用することで相乗効果を狙う。交錯・融合された新しいディスコースは、ある一定のジャンルで統一したものより、変化に富む。

　この分析を、西洋スポーツをテーマにするマンガに当てはめると、次のようになる。スポーツジャンルと全く別のジャンルである剣術系、戦闘ジャンルの戦いに関する表現（言語、文字、オノマトペ、マンガ絵など）を取り入れることで、熾烈な戦国時代の戦いの表現が、西洋スポーツの戦いの場で新たな意味を生成することになるのだ。以下に、許斐剛の『テニスの王子様』という少年マンガからの例を挙げて、間ジャンル性を説明する。
　『テニスの王子様』、そして続編の『新テニスの王子様』シリーズは、許斐剛の人気作品で、アニメやビデオゲームに加えて、小説、実写作品にまでなるほどだ。ストーリーは、テニスの名門中学校の選手たちがライバルに打ち勝とうと切磋琢磨し、共に日本一を目指していくというものだ。このマンガには、主人公の越前リョーマと、多数の個性的なキャラクターが登場し、中でも侍的なキャラクターがヒーロー的な役割を果たし、作品を通して「間ジャンル性」が多く見られる。最初の例（5）は、『新テニスの王子様』からの談話で、全日本ユース選抜チームに立海大付属中学校から代表選手として選

ばれた同校の二人、真田弦一郎と幸村精市が試合を始めようとするシーンだ。
(5) で、話している中学生たちは、二人の試合を観戦している立海大付属中学校テニス部の後輩たちという設定である。

(5)　1 中学生：――難病から / 奇跡の生還を果たした /『神の子』と呼ばれ
　　　　　　　　　し幸村精市
　　　2 中学生：『風林火陰山雷』の究極奥義で常に相手を真っ向勝負で
　　　　　　　　　捻じ伏せてきた皇帝　真田弦一郎」
　　　3 他校の選手：まさか / こんな所で立海頂上対決が / みられるとは
　　　　　　　　　な・・・・・
　　　4 真田：遠慮はせんぞ幸村
　　　5 幸村：遠慮した事無いだろ　真田は
　　　6 中学生：は　始まったで / ヤンスーッ!!!
　　　7 中学生：い　いきなり『風林火山』の・・・
　　　8 中学生：『火』だ!!

(許斐剛『新テニスの王子様』2: 11-13)

　まず、設定が現代の日本であるにも関わらず、中学生たちが侍のような表現を使用して話しているのが見て取れる。「『神の子』と呼ばれし幸村精市」という中学生の発話1は、古文の助動詞「き」の連体形を使用し、大河ドラマなどのナレーションのようだ。同じ生徒が発話6で、「始まったでヤンスーッ」と言っているが、吉沢やすみの『ど根性ガエル』というマンガに出てくる後輩キャラクター「五郎」の「キャラ語」の引用だと思われる。
　発話2の「風林火陰山雷」は、真田のテニスの必殺技の名称だが、明らかに有名な四字熟語「風林火山」を引用してつけられた技名だ。発話7でも中学生に「風林火山」と言わせている（画像1参照）。「風林火山」は、NHKの大河ドラマや戦闘モノのアニメのタイトルなどにも頻繁に引用される漢語だ。

画像1 『新テニスの王子様』2：13 ©許斐剛／集英社

　もともとは、戦法の心構えが描かれた古代中国の兵法書『孫子』から引用された漢語とされ、実在の武将、武田信玄の軍旗にも書かれたと言われている。
　また、発話2は、発話1と同じく大河ドラマか歴史ドラマのナレーションのようで、「究極奥義」「常に」「真っ向勝負」など通常の中学生が日常会話で使いそうにない表現が詰め込まれている。「皇帝」という漢語は、もともと「帝国の君主。天子」という意味だが、スポーツ界では、世界的に認められている最強の選手につけられる場合がある。たとえば、もとフィギュアスケート選手で金メダリストであり現役時代に圧倒的な強さを見せたロシアのエフゲニー・プルシェンコが、皇帝と呼ばれていた。ここまで検討しただけでも、(5) の談話には、さまざまなジャンルからの表現が交錯し「間ジャンル性」を見せている。
　上の (5) に続くページは、ほぼ全てが非言語記号のイメージだけで「戦

第 5 章　ストーリー・マンガの詩学　　117

画像 2　『新テニスの王子様』2: 15 ©許斐剛／集英社

国侍」のような二人のプレイヤーが戦う様子を表現している。まず、真田が自身の必殺技である「風林火陰山雷(ふうりんかいんざんらい)」を使って激しくボールを打ち込む様子が、「ビガァァァ!!!」という轟音をたてる稲妻をイメージしたオノマトペで表現されている（画像 2 参照）。そのオノマトペは、上（5.1.3）で考察したようにビジュアル記号として機能し、ページの真ん中を縦に切り裂くような力強い毛筆調の書体で描かれている。そして真田の表情は、戦いに挑む侍そのものであり、戦国侍が激しく刀を振りかざすイメージでボールを叩きつけている。それと共に試合観戦をしている中学生の会話が、同じページの右下方に位置する黒ベタの吹き出しに、白枠の太い黒活字で表記されている。

（6）　「動くこと　雷霆(らいてい)の如(ごと)し!!」（『新テニスの王子様』2: 15）

ここでも試合観戦をしている現代の男子中学生に「わぁ、稲妻みたいに速く動いている!!」などではなく、(6)のようにルビがなければ読めないような難解な漢語「雷霆」と、古典文法の助動詞「如し」を使用した発話をさせている。これも、歴史剣術系ジャンルからの表現の引用であり、この侍的キャラクターの真田の強さを強調するための選択だと言える。ここでは、マンガ絵、オノマトペ、書体、漢語、そして時代を感じされる話し方などが剣術系ジャンルから引用されている。この「間ジャンル性」は、西洋スポーツの強者に戦国武将のイメージを重ねることで、キャラクターの強さを効果的に表現していると言える。

『テニスの王子様』は、キャラクターの名前にも「間ジャンル性」が見られる。キャラクターの名前の多くが戦国武将など歴史的人物の名前から引用されているのだ。このレトリックも、日本人が共有している戦国武将のイメージを使用して侍的なキャラクターを立てる効果があると言える。まず、主人公の「越前リョーマ」は、アメリカ生まれの帰国子女という設定で英語も流暢に話す。そのため、海外シーンでは吹き出しに「Ah, thanks…/（どもっ）」のように発話が横書きで表記される場合もある。日本のマンガの吹き出しは通常ローマ字でも縦書きにする場合が多いが、英語を横書きにすることで、主人公が英語のネイティブだというイメージを表現している。その主人公の「越前」という名前は明らかに「大岡越前」もしくは「越前守」から取ったと思われ、「リョーマ」は「坂本龍馬」を彷彿させる。歴史的人物から名前を取り、漢字にカタカナを組み合わせた名前は、彼の侍的かつ海外生まれの帰国子女という多層的なキャラクター性を表現していると考えられる。「リョーマ」というカタカナ表記からは、漢字表記の「龍馬」とは違ったモダンでグローバルな侍といった意味が表出できる。

また、(5)と(6)に出てくる侍的キャラクター「真田弦一郎」は実在の戦国武将「真田幸村」に由来しているようで、その対戦相手の名前も「幸村精市」と、同じ「真田幸村」からつけられたようだ。他にもこの作品には、

大石内蔵助をもじった「大石秀一郎」や「白石蔵之介」など多くのキャラクターに戦国武将をイメージする名前がつけられている。

　このようにスポーツも形を変えた戦闘であり、剣術系ジャンルに多用される表現を、現代の西洋スポーツジャンルのマンガに交錯させることで、スポーツマンガの世界に戦国時代のような熾烈な戦いの世界観を導入し、戦国武将を彷彿させる侍キャラクターを効果的に立てることができる。また、メイナードが「間ジャンル性」で説明しているように、漢語などのバーバル記号だけではなく、イメージとしての文字表記、マンガ絵やオノマトペ、レイアウトなどさまざまなビジュアル表現が織り込まれ、新たな意味を表出している。

5.2.　マンガ表現としてのルビ

5.2.1.　指示代名詞と多重のヴォイス

　日本語にはルビという記号資源があることは第4章で検討したが、本節では、マンガに使用されるルビ表現に焦点をしぼり、キャラクターの多重のヴォイスをマンガに取り入れるためのレトリックについて検討する。

　マンガは、会話中心にストーリーが進行するため、「大っ嫌え」などキャラクターのヴォイスが強調された表現が多い。小矢野（2003: 34）は、近年のアニメとマンガのクロスメディア性を指摘し、最近の子供はアニメ経験を踏まえてマンガを読むので、マンガは「黙読であっても内なる声を通じて、単なる観念的な読みではなく、身体動作として読まれているのだろう」と述べている。マンガからアニメ声優のヴォイスを「聞きながら」読むというのだ。

　マンガでは指示代名詞をルビとして名詞につけるパターンをよく見かけるが、これも会話の中でのキャラクターのヴォイスをビジュアルに表現し、アニメのように自然な会話を文字化しようとする手法だと考えらえる。（7）は、

少年マンガ『BAKUMAN』からだが、最初の「読書感想文」のルビは「ど
くしょかんそうぶん」と表記されているのに対して、2回目の高木の発話の
ルビは「そーいうの」と表記されている。

(7)　真城「あのさ/読書感想文とかとマンガ/全然違うし」
　　　高木「わかってる」「俺は読書感想文/読む大人達/審査員ウケを狙
　　　　　って/計算して書いてるから」「それを出版社/読者ウケにすれ
　　　ばいいだけだ」

（『BAKUMAN』1: 30）

　『BAKUMAN』は、少年マンガであり、全ての漢字にルビが振られている
が、本節では分析に関係ある言葉にのみルビを残して表記する。
　このマンガは、マンガ家になることを目指している2人の中学生、真城と
高木が、夢を叶えて人気連載マンガ家になるというストーリーだ。(7)は、
文章を書くことが得意でマンガの原作者になりたい高木が、マンガ絵のうま
い真城に、二人でマンガ家を目指そうと説得している場面だ。真城の発話
「読書感想文とかとマンガ全然違うし」に続く高木の発話の「読書感想文」
に「そーいうの」とルビがつけられているが、長音記号「ー」で表記されて
いて若者らしいヴォイスが響く。「読書感想文」が繰り返されているのは、
テレビのスーパーのように、同じ情報を違う視点からマルチモーダルに提示
することによって、臨場感が増すためだと考えられる。ここでは、指示代名
詞「そーいうの」がキャラクターのヴォイスを表現し、本文の「読書感想
文」がキャラクターの思考対象を示している。読者は、この二重構造のルビ
表現を一つのユニットとして解釈するため、キャラクターのヴォイスと思考
を同時に感じ取ることができ、キャラクターへの感情移入がしやすくなると
考えられる。

5.2.2.　多重のヴォイスの「ポリフォニー」

　次に外来語の専門用語にカタカナ表記のルビを多用しているケースを紹介する。(8) の談話は、第4章 (4.3) でも紹介した竹内友の『ボールルームへようこそ』という競技ダンスをテーマにしたスポーツ系少年マンガからだ。この作品は、高校受験を前に将来に対して何の夢もなく、好きなものも何もない主人公の中学生、富士田多々良が、ふとしたことで競技ダンスに出会い、ダンスの仲間や先生たちに励まされながら、一流の選手になる夢に向かって歩む、というストーリーだ。高校生になった多々良は、ダンスの競技会に出るために、ダンスのパートナーを探している。アマチュアダンサーは、自分のパートナーを先生の紹介などで見つけることになっているが、多々良の場合、なかなか自分に合ったパートナーを見つけることができない。一度は多々良よりずっと実力があるパートナー、「まこ」と試しに組むことになった。まこは、彼女の兄とパートナーを組んでいたのだが、相性が悪く、兄が別のパートナーと短期の約束で組むのをきっかけに、多々良と組むことになった。多々良は、自分ではリードできないが相手に合わせて踊るのがうまいため、天平杯という小さな大会で、なんとか優勝までこぎつけたが、優勝したらカップルを解消するという約束だったので、また一人に戻ったという状況だ。(8) は、そんな状況で多々良と彼のダンスの先生でありプロダンサーである仙谷がパートナー探しについて話しているシーンだ。

(8)　仙谷「また独り身に / 戻っちまった訳だが？」

　　　多々良「・・・・」

　　　仙谷「天平杯で負けときゃ / まこと組み続けていられた / かもしれねーのにな？」

　　　多々良（むっ）「く・・組める訳 / ないでしょ !? / 実力が全然 / 違うのに！」「そんな事　言うのは / まこちゃんに失礼なんじゃないですか !?」

多々良「・・それに／僕だって」「相方(パートナー)の優しさに甘えて／足を引っ
　　　張る様なこと・・／絶対にしたくないです！」

（『ボールルームへようこそ』5: 112-113）

　まず、競技ダンスは、バレエと同じく西洋ダンスなので、一人で練習する
ことを意味する「シャドー」などカタカナ表記の外来語の専門用語が多い。
そのため上で見た指示代名詞の例と違って、(8) の場合はどちらがキャラク
ターの実際の発話なのかが、あまりはっきりしない。「シャドー」「パートナ
ー」と専門用語を使っても、「独り身」「相方」とダンスを知る人のみ理解で
きるジャーゴン的な表現を使っても自然な会話として成り立つ。多々良の発
話で「パートナー」に重ねられている「相方」という表現は、最近の若い人
が自分の恋人や結婚相手を指すときに使う表現で、キャラクターの律儀な性
格や、相手に対する真摯な態度が伺える。

　ここで重要になるのは、マンガはアニメとは全く違うメディアであり、ど
ちらを「声に出す」のが正しいというものではないということだ。総ルビの
マンガは、本文とルビの言葉が重ねられているので、ビジュアル的に二つの
ヴォイスを同時に提示することができる。そのビジュアルなイメージから、
読者は二つのヴォイスが別々に響くポリフォニー的な感覚を覚え、またその
別々のヴォイスを一つのメッセージとして解釈することができる。これは、
日本語にルビ構造という記号資源があるからこそ可能になるマンガのレトリ
ックの一つだと考えられる。

　そのレトリックをフルに活用している例が (9) である。「パートナー」の
ような表現は相関的で、だれにとってのどんな対象を指しているのかは、文
脈でしか具現化されない。(8) に (9) の談話が続くが、ここでは「パート
ナー」に「相手」「女」という言葉が重ねられている。

(9)　仙谷「足の引っ張り合いが／嫌だってんなら／実力に見合った相手(パートナー)を

第5章　ストーリー・マンガの詩学　　123

　　　　／探すしかねえよ」
　　多々良「・・・・」（ぴく）
　　仙谷「とりあえず／踊りまくれ！」「上手くなった暁には・・・・」
　　　　「モテるぞ！」
　　仙谷「・・・・」（多々良が不可解な表情をしているのに気がつく［筆者注］）
　　　　「女《パートナー》が寄ってくる男《リーダー》になれってことだっ！」
　　多々良「・・・・！」

　　　　　　　　　　　　　　　　　　　（『ボールルームへようこそ』5: 113-114）

　仙谷は、ダンスのパートナーを見つけることと、自分の恋人を見つけることを比喩的に結びつけて「モテるぞ！」と言ったのだが、多々良は仙谷の意図が理解できないというような顔つきをしている。そこで、仙谷は「女《パートナー》が寄ってくる男《リーダー》になれってことだっ！」と比喩の意味を説明する。ここで単に「女が寄ってくる男になれ」という文であったら、比喩が理解できていない多々良に対しての説明にならない。多々良には、ダンスのパートナーを見つけることと、お見合いで結婚相手の女性を探すという比喩が理解できていないのだ。しかし、ルビにカタカナ表記の専門用語「パートナー」と「リーダー」をつけることで、多々良が「・・・・！」と、最後には理解できたことの筋が立つ。すなわち、この会話は、自然会話を文字化したのではなく、ルビを使用して読者に多々良の視点に立って解釈させるためのレトリックだと言える。読者は、二重のヴォイスを聞きわけながら、全体として一つの解釈をするのだ。第3章（3.4.1）で検討したBakhtinのポリフォニー効果である。

　「パートナー」というカタカナ表記の外来語は、プロフェッショナルなヴォイスを創出し、仙谷のプロとしてのアイデンティティを示している。同時に「女」という表現を重ねたのは、仙谷のキャラクターを立てる働きがあり、この談話の会話にリアル感や臨場感を与えている。「女」という表現は、

124

金水（2003）が提唱する「役割語」のように作用し、いわゆる「ちょいワル」もしくは「アウトロー」的な人物のヴォイスを感じさせる。実際、仙谷は、「アウトロー」的な正義の味方で、『NARUTO』の「カカシ先生」など、少年マンガには定番の先生キャラクターのタイプである。この「女」という言葉のヴォイスを、プロフェッショナルな視点からの外来語「パートナー」というヴォイスに重ねることで、仙谷のプロダンサーとしてのアイデンティティを表現しながら、同時にアウトロー的なキャラクター性を表現するという、ルビのビジュアル性を活かしたレトリックだと言える。

　もう一つ、同作品から外来語の専門用語をカタカナ表記のルビに使用するマンガのレトリックを紹介しよう。（10）の談話は、多々良のコーチで元プロダンスチャンピオンの兵藤マリサと、多々良が話しているシーンだ。彼女は、ダンスにおける男女の役割を多々良に説明している。

（10）　アリサ：実際の競技会では／審査員は皆男性選手（リーダー）を見て／組（カップル）に点を入れているのよ
　　　　　　　見る割合としては男女7:3 〜 8:2 くらいね
　　　　　　　予選序盤では／女子個人（パートナー）の上手下手／関係なく　まず／男子（リーダー）が下手な組（カップル）から／落とされていくわ

　　　多々良：・・は？

　　　アリサ：カップル登録用紙を／見て気付かなかったの？
　　　　　　　男性（リーダー）は／「選手登録」の欄／――女性（パートナー）は／「カップル登録」の欄
　　　　　　　背番号は「選手」である／男（リーダー）のみに与えられる

　　　多々良：・・・！
　　　　　　　・・そ
　　　　　　　そんな・・女性（パートナー）が／「選手じゃない」／みたいな言い方・・

　　　アリサ：男（リーダー）が勝ち進めば／立派に選手扱い／されるわよ

第5章　ストーリー・マンガの詩学　125

上位のラウンドでは／きちんと 組（カップル） 全体を／総合評価するもの

自分の相棒（パートナー）を予選で埋もれさせるか／名選手にするかは全て／導き手（リーダー）次第ってことよ

（『ボールルームへようこそ』6: 179-181）

　ここではダンス用語である「カップル」が「組」にあてられ、「リーダー」が「男子」「男性選手」「男」「導き手」に、「パートナー」が「女子」「女性」「自分の相棒」にあてられている。アリサは、元女性プロダンサーだけあって、男女の不平等な扱いについて女性の視点から話をすすめている。彼女の発話に「自分の相棒（パートナー）」とあるが、（8）や（9）の談話のように「相方」や「女」を「パートナー」に重ねるのではなく、同じ立場で仕事をする仲間という意味合いが強い「相棒」という漢語を使用している。すなわち、彼女の国際的なプロダンサーとしてのプライドをカタカナ表記の外来語で表し、女性としてのアイデンティティを「相棒」という漢語で表現していると言える。

　このように、構造的に多重のヴォイスを表出できるマンガのルビ表現は、それぞれのヴォイスを別々に響かせながら、一つの表現としての解釈を可能にする。そのヴォイスの表出に、文字表記が果たす役割は大きく、マンガというアーティファクトの重要な記号資源になっていることが明らかになった。

第6章　ポピュラーソングの文字

6.1.　文字のマルチモダリティ

6.1.1.　日本のポピュラーソングとジャンル

　日本のポピュラーソングは、歌詞が音楽と同じぐらい重要な表現の一つになっている。昭和のレコード時代は、歌詞カードがアルバムのジャケットにつけられていて、音楽を聴きながら歌詞カードを目で追う形式であった。21世紀に入り音楽もデジタル化すると、歌詞カードの代わりに音楽サイトから歌詞をダウンロードできるようになった。日本の幅広い世代にカラオケの人気が高まり、歌詞を知る必要性が高まったのも理由の一つであろう。また、セクション 6.2.1 で取り上げるが、近年は「リリックビデオ（lyric video）」など歌詞を音楽 PR ビデオの一部として制作する傾向も出てきた。

　ビジュアル・カルチャーを誇る日本は、ポピュラーソングにおいても歌詞がマルチモーダル表現の一部として使用される傾向が強いと言える。本章では、そんな日本のポピュラーソングの表現として使用される文字についてさまざまなジャンルの歌を、その文化的背景も含めて観察し、文字がどのようにポピュラーソングの意味構築に貢献しているのか、またマルチメディアとして制作される近年のポピュラーソングにおいて、他のモダリティとどのように結束して意味を構築するのかを検討する。

　日本のポピュラーソングには、さまざまなジャンルがあり、それを表現するジャンル名も時代と共に変わってきた。「艶歌」という言葉がある。現在の演歌である。広辞苑（第7版）によると「明治・大正時代の流行歌で、演歌師が独特の節まわしで歌ったもの。自由民権運動の壮士たちが演説のかわ

りに歌った壮士節に始まったが、のちには政治から離れて主題も人情物に移り、大道演芸化して艶歌とも称されるようになった」とある。また、「現代歌謡曲の一種。哀調を帯びた日本的メロディーとこぶしのきいた唱法が特色」と記されている。

　昭和時代を代表する「歌謡曲」は「日本に伝わるさまざまな音楽と欧米の音楽の混合から生まれた流行歌の総称」と定義されている。このジャンル名は「1930 年代に日本放送協会やレコード会社が使い始めて広まった」そうだ。平成時代に入ると歌謡曲が「J-POP」（「J ポップ」とも表記され、Japan Pop すなわち、広く和製ポップスを指す）や「J-ROCK」（「J ロック」とも表記され、和製のロック音楽を指す）などのローマ字表記のジャンル名に取って代わられ、ポピュラーソングの欧米化が進んだ様相がジャンル名の表記からも読み取れる。

6.1.2.　卒業ソングの活字イメージ

　そんな欧米の影響が強い J-POP ジャンルの中に、「卒業ソング」というサブ・ジャンルがあるが、J-POP には珍しく日本文化そのものを表すジャンルだと言える[1]。日本の卒業シーズンは 3 月。桜のつぼみが膨らみはじめ、自然の移ろいや「もののあわれ」を感じる季節だ。そして、日本は昔から「もののあわれ」を題材に歌を詠んできたが、そのような文化的背景があって、日本の「卒業ソング」は、和歌のように、日本独特の抒情を詠うジャンルになっている。毎年 3 月の卒業式のシーズンになると、このジャンルの曲があらゆる場所で流れる。カラオケなどでもよく歌われ、学校では卒業式で合唱にも使用される。卒業式と言えば、昔は『仰げば尊し』が定番だったが、今は流行の卒業ソングを合唱用に使用する学校が多いようだ。

　また、卒業式のシーズンになるとよく耳にするのが、『春よ、来い』

1　欧米のポピュラーソングにも「Graduation Songs」というジャンルがあり、2000 年の 5 月、アメリカの卒業式シーズンに大ヒットした Vitamin C の『Graduation (Friends Forever)』をはじめ、数多くある。日本の卒業ソングと同じく、抒情的なバラード調の曲が多い。

（1994）だ。松任谷由実が作詞作曲した有名な春の歌で、卒業ソングとしても人気がある。『春よ、来い』は、「淡き光立つ」や「君に預けし我が心」など文語体の文を現代の文体の文に混用し、平安時代に詠まれた和歌や、物語の一節のようなイメージを醸し出すのが特徴だ。歌詞には、和語が多く使用されているが漢字も多く、「俄雨（にわかあめ）」「溢るる涙の蕾」など常用漢字外の漢字も使用され、古典調ではあるが平安時代のひらがな文学とは全く違ったタイプのテキストである。また、「今でも返事を待っています」と現代調の和漢混用文も存在し、むしろ現代文に古典調の文法や漢字語を使用することによって、「間テキスト性（intertextuality）」を見せているテキストではないかと考えられる。

「間テキスト性」とは、5.1.7でも紹介したが、一つの文学の体系に他の体系の表現を引用することで意味が際立つ現象を指す（Kristeva 1980: 15）。卒業ソングに限らず、人の情感を駆り立てるような歌詞を持つポピュラーソングは、この「間テキスト性」や、同じく5.1.7で紹介したメイナード（2008）の「間ジャンル性」があらゆる表現に見られる。『春よ、来い』は、音階も日本特有のペンタトニックスケール（ヨナ抜き音階）で、愁情的かつ懐古的な響きを音楽からも表現する。この曲は、もともとNHK連続テレビ小説の主題歌として制作されたが、2011年の東日本大震災の復興プロジェクトにはテーマソングとして使用され、中学の国語の教科書に詩として掲載されたこともある。

『春よ、来い』が、20年以上たった今でも人々に愛されているのは、文字、言葉、音楽、そしてミュージックビデオの映像など、マルチモーダルな表現からシネマチックなイメージが湧き上がり、聴く人がそれぞれ自分の経験を重ねて共感することができるからではないだろうか。特にこの歌の歌詞は、「君」と「私」の物語なので、だれもが「君」を自分の視点に置き換えて、自分にとっての大切な人との思い出を物語ることができる。すなわち、卒業ソングというジャンルは、抒情詩のように詩的な表現（文字、言葉、歌、動画

130

イメージ）を通じて人々の心情に訴えるジャンルだと言える。本項では、そんな抒情詩としての卒業ソングの表現を文字表記のマルチモダリティに焦点を絞って分析する。

Uta-Net という音楽サイトが「卒業ソングランキング TOP30」（2014年集計）を公表しているが、「桜」という言葉を使用したタイトルが断然多いのが分かる[2]。30曲中、「桜」という漢字表記の言葉をタイトルに使用している曲が6曲、ローマ字表記の「SAKURA」が3曲、ひらがな表記の「さくら」が2曲、そしてカタカナ表記の「サクラ」が1曲となっている。30曲中12曲がタイトルに桜という言葉を使用していることになる。しかし興味深いのは、トップ3にランクインしている曲のタイトルに「桜」がないことだ。

このランキングは、2010年から2014年の間に「卒業ソングといえば」「卒業式に聴きたい曲は？」というアンケートから抜粋して集計したと報告されている。また、2000年以降、「桜ソングブーム」が起こり、春には桜をタイトルにしたヒット曲が多くなると言う。ポピュラーカルチャー一般に言えることだが、ポピュラーソングである J-POP も商業目的のアーティファクトであるため、タイトルや歌詞に「桜」を入れると、卒業ソングとしてヒットする確率が高くなるという理由で、アーティストや制作側が意図的に「桜」という言葉をタイトルに入れるというような裏話があるのかもしれない。しかし、もしそうだとしても歌詞全体を観察すると、和歌や絵画のように、アーティストが、芸術的な意図で表現を選択し、伝えようとしているメッセージがオーディエンスに素直に伝わるケースが多く、またそのようなコミュニケーション力の高いものが上位ランキングを占めるのも事実である。

このランキングの投票総数は 16,005 票で、ベスト4までの投票数は、そ

2　Uta-Net の「卒業ソングランキング TOP30　Graduation song RANKING2014」より　https://www.uta-net.com/user/close_up/graduation2014/（最終アクセス 2018.12.12）

れぞれ 1300 票を超えていて 5 位（527 票）以下の倍以上の人気になっている。そのため、本項ではこの 4 曲が 2014 年前後の J-POP ファンに人気のある「卒業ソング」の代表例だと考え、このジャンルの表現法としての文字表記を分析した。

卒業ソングランキング TOP30 より

	曲名	アーティスト	作詞	作曲
1 位	『3 月 9 日』	レミオロメン	藤巻亮太	藤巻亮太
2 位	『YELL』	いきものがかり	水野良樹	水野良樹
3 位	『旅立ちの日に』	合唱曲	小嶋登	坂本裕美
4 位	『道』	EXILE	Shogo Kashida	miwa furuse

　まず、次の 4 点について観察した。

①歌詞での「桜」の有無（どの表記でも可）

②標準から外れた文字表記（ルビを含む）の有無

③ローマ字の有無

④常用漢字外の漢字の有無

	『3 月 9 日』	『YELL』	『旅立ちの日に』	『道』
①「桜」の有無（どの表記でも可）	**桜**のつぼみ（1）	なし	なし	なし
②標準から外れた文字表記の有無	なし	どこに**在る**の 未来（つぎ）の空 自己（じぶん） 台詞（ことば） サヨナラ	なし	**キミ**を忘れない
③ローマ字の有無	なし	YELL（3）	なし	なし
④常用漢字外の漢字の有無	**溢れ**出す光の粒 **凜**と澄んで	僕らを**繋**ぐ	山なみは**萌えて** **遥**かな空の果て	**嬉**しすぎて **溢れ**出した涙

　①から④について観察した結果を上の表にまとめたが、以下にその結果を質的に分析したい。なお、括弧内の数字は出現回数を示し、ボールド体は分析対象のキーワードを示す。

　まず歌詞で「桜」という言葉が使用されていたのは、第 1 位の『3 月 9 日』のみであった。この曲で「桜」が見られるのは、次のサビのフレーズだ。

(1)　3月の風に想いをのせて／桜のつぼみは春へとつづきます

　（1）において「桜」は、「夢が叶う」などのシンボル的な表現ではなく、移りゆく季節の描写として使用されている。もし、2014年には「桜」という言葉が「安易な」季語だという社会の認識があったとしたら、これらトップ4の曲はあえて別の表現を追求したと言える。「桜」の代わりに、これら4曲に共通したキーワードは「想い」「空」などであった。
　次に、標準から外れた文字表記があったかどうかだが、これも意外に少なく、『YELL』と『道』だけであった。『道』は、漢字表記の「君」をメロディの部分で4回使っているが、サビの部分の最後では一箇所「キミ」とカタカナ表記にしている。

(2)　動くな時間　／空に叫ぶ　／キミを忘れない

　サビ以外の部分では、「君と出会い」「君と歩いた」などと「君」を漢字で表記しているのに対して（2）の「キミ」が、カタカナ表記になっているのは、「空に叫ぶ」が鍵だと言える。すなわち、ここでのカタカナ表記は、主人公の声を文字で表現するために、漢字より表音性の高いカタカナを選んだと考えられる。同様に『YELL』で「サヨナラ」がカタカナ表記になっているのも、辛く重い別れの言葉ではなく、友だちに贈るエール（YELL）としての軽快な声を文字化するための表記だと言える。
　『YELL』には、カタカナ表記の「サヨナラ」を含めて5つ、標準から外れていた表現があった。まず歌の冒頭のメロディラインと、サビの後の2番のメロディラインの最後で「在る」に漢字を使用している。

(3)　「"わたし"は今　どこに在るの」と／踏みしめた足跡を　何度も見つ
　　　め返す

第6章　ポピュラーソングの文字　　133

（4）　誰かをただ　想う涙も　真っ直ぐな　笑顔も　ここに在るのに

　（3）では、通常は「いる」という言葉が「ある」と表現され、その言葉が漢字「在る」で表記されている。（3）を冒頭とするメロディラインの部分では、「翼はあるのに飛べずにいるんだ。ひとりになるのが怖くてつらくて」など前に進めない「わたし」の心情が「僕ら」の視点から表現されている。自分を見失っている様子を、客観的に見つめて二重引用符つきの“わたし”が「どこに在るの」と問いかけているのだが、「在る」と漢字を使用することで、「自己存在」という意味を強調することができる。（4）では、既に自分たちが持っている「誰かをただ想う涙、真っ直ぐな笑顔」の「存在」に気づかず「答えを焦って宛の無い暗がりに自己（じぶん）を探す」のか、と問いかける「僕ら」がいるが、ここでも、「自己存在」という意味で「在る」と漢字を使用している。このメロディラインは、曲調も短調で憂愁的である。
　一方、サビの部分では、「サヨナラは悲しい言葉じゃない。それぞれの夢へと僕らを繋ぐ　YELL」と「僕ら」のエールの言葉が入り、歌詞のヴォイスと旋律がパッと元気に明るくなる。メロディラインの重い憂愁的なイメージの「在る」とサビの明るく軽快な「サヨナラ」および「YELL」がコントラストを生み、この曲の多重のヴォイスを強調しているのではないだろうか。またこの曲はカノン進行が見られ、特に「ひとり　ひとり　ひとつ　ひとつ　道を　選んだ」のサビにつながる後半のメロディラインは、多重のヴォイスが、言語と音楽の両方で表現されている。
　『YELL』の標準から外れたルビ使用も、多重のヴォイスを表現していると言える。ルビ構造になっているのは「未来（つぎ）」、「自己（じぶん）」、「台詞（ことば）」の３つであった。厳密に言うと、Uta-Net のサイトに提示されているこれらの言葉は、純粋なルビ構造ではなく「未来（つぎ）」のように、二つの言葉が並列して表記してある。しかし、歌を聴きながら目で追うマルチメディアの歌詞は、「未来（つぎ）」のように表記されていてもルビ構造と同じような機能を果た

すと考えられる。すなわち、第4章（4.3）で検討したように、二つの独立した概念を表す言葉が共鳴しあうのだ。

　次に④の常用漢字外の漢字の有無だが、これらの卒業ソング4曲に共通するのが、漢字使用の多さだと言える。卒業ソングは、季語やキーワードで、一つの物語を描写するものが多いが、そのため、どの歌詞も和語が多い。しかし、先に紹介した『春よ、来い』と同じく、和語・漢語両方に漢字が使用され、表が示すように、常用漢字外の漢字使用も見られる。一方、これらの漢字は小説などのメディアに頻繁に出てくる漢字であり、ルビも使用されていない。このように考えると、漢字が多く見られる背後には、物語性の高い卒業ソングというジャンルの歌がある意味、視覚的に小説に「見える」ように制作されているからではないだろうか。第3章（3.1.2）でStöckl（2004）が主張する活字イメージ（typographic image）について検討したが、卒業ソングは歌詞テキストを小説のようなイメージの活字で表現したビジュアル性の高いテキストだと考えることができる。

　この分析を裏付けるものに、卒業ソングのPR動画がある。近年のJ-POPは、アメリカの音楽産業の影響で、もれなくPV（プロモーション・ビデオ）を制作するようになった。Uta-Netサイトには、各歌詞と共にPVも掲載されている。ここで分析した4つの卒業ソングもPVが掲載されているが、合唱曲の『旅立ちの日に』の動画以外は、全てが物語性の高いものになっている[3]。まず『3月9日』の動画は、冒頭で教壇に立ってクラスの生徒に話しかけている教師が、「とてもよい学期だと思います。明日から・・・」と言うと感極まって教壇に顔を伏せてしまうのだが、そのシーンの後で初めて曲が始まる。そして、動画は教室にいる卒業生たちの中から一人の主人公にフォーカスをあて、その少女が、自分の姉と思われる人の結婚式に参加するま

3　6.1.2で説明するが、『旅立ちの日に』は、商業目的の作品ではないので、プロダクション会社が制作するPVは存在しない。Uta-Netには個人が制作した合唱のリリックビデオなどが掲載されている。

での物語を描いている。

　『YELL』の動画も、セピア色のシネマ形式になっている。動画は歌詞の言葉に合わせて、枯葉が落ちた、だれもいない林から始まる。そして、日本人の美意識である「もののあわれ」を映画作品で表現したとして知られる映画監督、小津安二郎の映画にあるような低いカメラのポジション（ロー・ポジション）から電車道、どこかの湖畔のベンチ、キャンパスや教室の中全てが映し出され、主人公の足跡を辿る。この作品が、他の卒業ソングと違うのは、最後にアメリカの卒業式の「シンボル」とも言える卒業キャップを空に投げるシーンが映し出されていることだ。何人かの卒業生が丸められた卒業証書らしいものを片手に持ち、もう一方の手で卒業キャップを空に向かって投げ上げているシーンは、ローアングルから空に向かっての構図なので人物の顔が見えない。アメリカなら、証書を丸めないので、日本の卒業式という設定だろうが、「しんみり」として厳かなイメージが強い日本の卒業式にあって、卒業ガウンを着た卒業生たちが元気よくキャップを空に向かって投げ上げているシーンは、巣立っていく同級生同士お互いに YELL「エールを送る」というローマ字表記の英語の言葉と共鳴しているようだ。この動画もローポジションのシーンと、卒業キャップが空高く舞い上がっていくシーンがコントラストを成していて、先に述べた文字表記や曲調のコントラストと一貫性を持っている。まさにマルチモーダルな表現の一部として文字が使用されている例だと言える。

　『道』の動画も、高校か大学と思われる「蔦の絡まる」校舎から始まる。そして誰もいない学校のグラウンド、図書室、体育館にカメラがシフトする。この曲の動画も最初はロー・ポジションで、途中、サビの部分「道、君と歩いた今日まで」でカメラのポジションがハイ・ポジションに変化し、体育館の上階の観客席からバスケットボールのコートを見下ろすアングルになる。その後、またロー・ポジションに戻るが、今度は視点がフレームの真ん中で、目の前に突き当りが見えないまっすぐに続く道が置かれている。そして、こ

のシーンは歌詞「この道　未来へ続く」にシンクロする。このように『道』も、文字と言葉が小説のようなビジュアルイメージを創出し、動画のアングル、ポジション、フレーム、色、そして曲調と共に結束性のある物語のイメージを展開しているのである。

　最後に、Uta-Net の卒業ソングのランキングで、3位に入っている『旅立ちの日に』だが、この曲は他の卒業ソングと違い、教師の「手作りソング」である。埼玉県の中学校の校長が歌詞を書き、音楽教員が作曲した。埼玉県が 2012 年に発行した広報誌のインタビュー記事で、作曲を担当した坂本浩美氏が、この曲ができたきっかけを次のように述べている。

　坂本氏が、埼玉県の中学校に音楽教師として赴任したばかりの頃、コーラス部は 3 年生の女子が 8 人いるだけで廃部の危機に直面していた。その後 1 年生が 8 人入ってきて廃部にはならなかったがメンバーは女子だけ。男子にも入ってもらって混声合唱をしたいと思い、運動部の男子に応援を頼んだところ 17 人が快く引き受けてくれたと言う。そして合唱に参加した生徒たちがクラスメートたちに、「歌うってかっこいい。楽しい」と自分たちの経験を話して、コーラスを広めてくれたことで、コーラス部が盛り上がった。坂本氏はこのような経緯が、卒業生に曲を贈ろうと考えるきっかけになったと語っている。卒業式の前に坂本氏が、「がんばって合唱を続けてくれた 3 年生に歌を送ろう」と思いつき校長に作詞を依頼したところ、とてもいい歌詞ができたので、教員全員で合唱しこの歌をプレゼントしようということになったのだ。この卒業生に贈るための「手作り」の曲が、今や日本の卒業式定番の合唱曲として多くの学校で歌われている[4]。

　この曲の歌詞を分析すると、「山なみは萌えて」の「萌」と「遥かな空の果て」の「遥」が常用漢字外の漢字になる。しかし、他の 3 作品と同じく、

4　社会福祉法人埼玉県福祉協議会広報「Ｓ・Ａ・Ｉ」2012 年 3 月号（No.650 号）特集インタビュー「勇気を翼に込めて　ありがとうの気持ちを伝えたくて・・・」より http://www.fukushi-saitama.or.jp/site/council/tokusyuu24.3.pdf（最終アクセス 2018.12.12）

これらの漢字語は小説や抒情詩に多用される漢字で、それが歌詞に取り入れられたと考えられる。教師が作った曲として、和語を中心に「勇気」「希望」「夢」「未来」などの言葉が、漢字語独特のヴォイスで表現されているが、なんと言ってもこの曲の魅力は、多重のヴォイスを含んだ抒情的な歌詞とメロディの組み合わせだろう。すなわち、この歌の魅力は、「遥かな空の果てまでも　君は飛び立つ」と若者の成長を願う大人のヴォイスや、「懐かしい友の声　ふとよみがえる」など卒業していく生徒たちのヴォイスがカノンのように追いかけあい、響き合って、卒業生も送る側の教師や、生徒、親も、それぞれの視点から共感することができる点にあるのではないかと思う。そして何より、この曲ができるきっかけとなった生徒たちがそうだったように、新しい世代の生徒たちが卒業式で仲間と合唱する体験を通して、この曲の歌詞に新たな意味を与えていったことから、定番の卒業式の歌になったのであろう。

6.2. Picture Poems（視覚詩）

6.2.1. ファンが創る「リリックビデオ」

　日本のアニメソングやポピュラー音楽は、海外からのファンも多い。そのファンたちが、二次創作として日本語が読めないファンのために、YouTubeなどでローマ字表記の「リリックビデオ（lyric video）」を創ってシェアしている。日本でも一般化してきたリリックビデオは、文字がビジュアルイメージとして動画に表記される歌詞ビデオのことで、詩を視覚的に提示するという意味で「ビジュアル・ポエム」もしくはSchodt（2012［1983］: 88-89）が日本の少女マンガを表現した「Picture poems（視覚詩）」の一つだと言える[5]。最近は、プロがJ-POPのPVの一つとしてリリックビデオを制作するケース

5　第5章 5.1.1. 参照

が多くなった。特に 3D の書のようなイメージや文字と音楽が連動するような
なグラフィックデザインで、曲に新たな意味を付加することができるメディ
アだ。

　海外のファンが制作した動画の例に、Flower Flower が歌う『アイス』という曲がある。この曲の作詞は yui で、作曲は彼女がボーカルを務めるバンド Flower Flower のメンバーだ。ここで、ファンが作ったこのリリックビデオの表現法について検討したい。この動画は、歌詞が歌のイメージ通りの「kawaii」書体のローマ字で表記され、ポップアート作品のようである。1970 年代に、日本では何でも丸く描いて表現する丸文字が少女たちの間で流行ったが、この動画でも「乙女書体」「KAWAII フォント」のような丸い形のローマ字が使用されている。また、この動画は、大文字ばかりのローマ字文と、冒頭だけ大文字で残りは小文字のローマ字文に分けられ、曲のリズム感を視覚的に表現している。何より注目したいのは、漢字ひらがな交じり文の歌詞では「見えない」韻を踏んだフレーズが、ローマ字表記にすると、はっきりすることだ。(5) にその韻を踏んでいるフレーズのみ、抜粋して引用するが、左にファンが書いたローマ字表記の歌詞、右に公式サイトの非ローマ字表記の歌詞を並記して示す。

(5)　MOTTO ZUTTO KOU SHITE　　　もっとずっとこうして
　　　DATTE MATTE DOUSHITE　　　だって待って　どうして
　　　AISU O TABEYŌ yo, yo, yo..　　　アイスを食べようよ
　　　HOTTO SOTTO IYASHITE　　　ほっとそっと癒して
　　　KITTO ZUTTO KOMATTE　　　きっとずっと困って

　まず気づくのは、ローマ字のビジュアル性だ。「MOTTO ZUTTO」は、最後の音節 TO が韻を踏んでいる。また「DATTE MATTE DOUSHITE」は最初の二つの言葉の頭の母音 a に加えて、最後の音節 TE が韻を踏んでいる。

ひらがな漢字交じり表記の「もっとずっとこうして」「だって待って　どうして」の方は、ビジュアル的には韻を踏んでいる様子がはっきり表現されていない。さらに、ローマ字表記の方は一種類の表音文字で統一されているため、リズム感があり、音を楽しみ、音を「見ながら」歌うための歌詞であることが分かる。

　一方、漢字仮名交じり文で表記されている公式の歌詞は、「想い合えば思い合うほど」など「おもう」に二種類の漢字を使い分けたりして、微妙な意味の違いをビジュアル面から表現している。一般的に「おもう」は「思う」と書かれるが、先に見た卒業ソングでも定番の表現になっていたように、詩や小説では「想う」と書いて、文学的かつ詩的な意味合いを添えたり、具体的な対象に対する感情を表したりする。この歌詞も、卒業ソングのように、文学ジャンルとの「間テキスト性」、「間ジャンル性」で新しい意味を生成している例だと言えるが、これも漢字の選択があるがゆえに可能な効果だ。すなわち、この歌詞は、ローマ字表記の歌詞がリズム感を強調するのに対して、文学的なイメージを強調する機能がある。このように考えると、ポピュラーソングは、歌詞の表記選択によって全く別の表現が生み出されるということが分かる。

6.2.2.　ローマ字で詠む短歌

　上で検討した表記による違った意味表現の効果は、ポピュラーソングの歌詞だけでなく短歌など、韻律が大切な文芸作品にも見られる。特に短歌は声に出して詠むものであり、言葉の響きや歌全体のリズムが大切になる。ローマ字は「単音文字」であるので、音韻をビジュアルに見せる表現力がある（茅島 2012: 89）。たとえば、Kawazi（2018: 12）は、国語学者で歌人の土岐善麿がローマ字で詠んだ次の短歌を紹介し、ローマ字特有のリズム感を指摘している。

140

（6）　Omoshiroshi!
　　　Sono Hara no naka ni yadori ite,
　　　Oriori chisaku ugoku chô Inochi!

この短歌について Kawazi は次のようにコメントしている。

　ローマ字で書かれているため、一行目と三行目の終わりのイ段（i）と感
　嘆符が韻を踏んでいるのが目立つばかりか、一行目と三行目の最初の大
　文字のO、小文字を合わせて12もあるオ段、oの字が胎内の命を暗示
　するかのような面白みがある。

　前項で検討したリリックビデオが、丸い表記のローマ字でかわいくポップ
なイメージを表出したように、この短歌のローマ字も韻を踏むリズム感に加
えて、胎児の命を暗示する機能があると言うのだ。
　この短歌は、2箇所につけられている感嘆符も作者の感動をストレートに
表現していて、Kawazi が指摘するローマ字表記の歌のリズム感に貢献する
ところが大きい。感嘆符は、声の調子を文字で表現する記号で、現在のソー
シャルメディアやマンガなど会話調のテキストには不可欠な記号だ。その感
嘆符を明治時代に、しかも平安時代からの伝統を持つ短歌に取り入れた表現
法は、非常に前進的な試みだったのではないかと思われる。
　また Kawazi（2018）は、土岐善麿のローマ字歌集に取り入れられた三行書
きが、石川啄木の三行書き短歌に影響を与えたと述べているが、感嘆符に加
えてダッシュ記号なども啄木の作品に影響を与えたようだ。たとえば、下の
作品も土岐善麿（土岐哀果）の『Nakiwarai』からだが、小説にもよく使用さ
れるダッシュ記号が、言葉の余韻を表現している [6]。

6　国立国会図書館デジタルコレクションより　http://dl.ndl.go.jp/info:ndljp/pid/873903（最終アク
セス 2018.11.10）

第6章　ポピュラーソングの文字　141

(7)　Kimi omou kokoro ni niru ka, ――

　　　Haru no hi no,

　　　Tasogaregata no honokeki akarusa!

　　　　　　　『Nakiwarai』

　そして石川啄木の『悲しき玩具』（一握の砂以後）の歌にも、同じように感嘆符やダッシュが見られる[7]。

(8)　おれが若しこの新聞の主筆ならば、

　　　やらむ――と思ひし

　　　いろいろの事！

　これは、非常に面白いダッシュの使いかたで、一つの短歌の中に多重のヴォイスを挿入するために使われている。「やらむ――」というヴォイスからは、不機嫌な顔をして腕を組んでいる「おれ」の様子が目に浮かぶようだ。

　ローマ字表記の短歌は、ローマ字表記の J-POP の歌詞と同じく、そのビジュアルイメージから、独特のリズムを感じることができる。短歌も音楽と同じで、音の響きが大切な文芸である。ローマ字はひらがなやカタカナとは違い、母音と子音の区別が視覚的に表わせるので、独特のリズム感が表現できるのである。短歌を日常的なできごとで詠って身近なものにしたとされる『サラダ記念日』の俵万智氏が、著書で短歌「サラダ記念日」は、「七月 Shichigatsu」と「サラダ Sarada」の頭の S で韻を踏んでリズム感を出したと述べている。確かに（9）のように、この短歌をローマ字表記にすると、S で韻を踏んでいるのがはっきりと分かる。文字のビジュアル性から表出されるメンタルイメージを強調するか、リズム感を強調するか。それは主体の意図

───────────────

7　青空文庫より引用　https://www.aozora.gr.jp/cards/000153/files/815_20544.html（最終アクセス 2018.11.10)

142

と選択によると言えるが、日本語は、このように文字表記による表現の違い
が選択できる言語なのである。

(9) 「この味がいいね」と君が言ったから七月六日はサラダ記念日
   Kono aji ga ii ne! to kimiga itta kara
   Shichigatsu muika ha
   Sarada kinenbi!

6.3.　4種の文字の混用文

6.3.1.　コードスイッチングとコードの曖昧化

　日本のポピュラーソングは、さまざまなサブジャンルがあり、表現の仕方
もそれぞれ違う。たとえば、上の6.1.2で検討した卒業ソングの歌詞は、
J-POPではあるが、外来語がほとんどなく、和語を中心に「もののあわれ」
を感じさせる抒情詩的な表現が含まれるのが特徴だ。文字表記としては、漢
字とひらがなが主で、サビの部分で音を表すためのカタカナやローマ字への
変換があった。また演歌は、小節やビブラートを効かせる独特の歌唱法があ
る。文字表記としては、卒業ソングとよく似ている。

　一方、欧米音楽の影響を受けているJ-POPやJ-ROCKなどには、英語が
混用される歌詞が多い。しかし、英語だけの歌詞は比較的少なく、一番多い
のは日本語の歌詞の中に英語が混用されているというパターンだ。Moody
(2001) は、2000年度のオリコン週間ベスト50ソングの中から、307曲を選
び、どれだけ英語が混用されているかを調査した。その結果、62%（142曲）
のJ-POPに英語が混用され、英語だけの歌詞は3%（6曲）、英語が全くない
歌詞は35%（79曲）であった。本節では、このようなJ-POPに英語が混用
される現象について、先行研究を踏まえながら検討し、二つ以上の言語が交
錯・混用される時代における日本語の歌詞の文字表記について考察する。

日本語の歌詞に英語が混用される例は「コードスイッチング（Code Switching）」の一つとして分析される。「コードスイッチング」はもともと社会言語学の用語で、一つのテキストの中に二つ以上の言語体系が混用される事例を指す（Blom and Gumperz 1972, Gumperz 1982）。第2章（2.2）でも検討したが、新しい概念が外国から言葉と共に日本に入ってきて、やがてその概念が日本化されるに従って、その言葉も日本語として定着する。それが外来語である。コードスイッチングは、二つ以上の言語体系が混用されるものなので、たとえば「ジャズ」や「ストロベリー」というような外来語が歌詞に入っていても、コードスイッチングにはならない。「jazu」「sutoroberii」など日本語をローマ字表記にしても、コードスイッチングとは言えないのだ。

一方、「Jazz」「strawberry」という英語のローマ字表記が日本語の歌詞に混用される現象は、コードスイッチングだと分析される。すなわち、J-POPに見られるコードスイッチングは、外来語ではなく、英語などの外国語そのものが日本語の歌詞に混用される現象を指す。英語でも、フランス語などの言葉をそのまま、英語のテキストに混用することがある。たとえば「He said Bon appétit!（彼は、さあ、召し上がってくださいと言った）」などだ。英語もフランス語もローマ字（アルファベット）表記なので日本語のコードスイッチングと違ってビジュアル的に目立たないが、このような複数の言語体系が交錯するコードスイッチングは、どの言語でもよく観察される。

それでは、英語と日本語のコードスイッチングは、どのような表現を可能にしているのであろうか。先行研究では、次のような分析が見られる。多くの研究が、日本語の歌詞に混用される英語表現は「バイリンガル・バイカルチャーを持った若者のアイデンティティ」（Moody & Matsumoto 2003）や、「既成社会へのレジスタンス」（Lee 2004）などを表現するためだと主張している。また、「日本語では表現できない欧米のモダンなイメージや自由な恋愛表現を英語で曲に取り入れるため」、「社会文化的制約のため、日本人女性が日本語では表現できない感情を表現するため」などと分析している研究も多い

（Loveday 1996, Stanlaw 2000, 2004）。

　それに対して松田（2016）は、コードスイッチングは、アーティストのファッションやPR動画のビジュアルなイメージと共に、マルチメディア時代の女性のアイデンティティや多重のヴォイスを歌詞に取り込む表現法の一つであると主張している。また、Yano（2002）の演歌のデータを引用し、J-POPでコードスイッチングが多用されるのは、日本人女性の社会文化的な言葉の制約からではなく、欧米語の言葉と文字が表出する新しい時代の女性のヴォイスやアイデンティティを表現できるからだと分析している。

　一方、Moody（2006）は、「コードスイッチング」ではなく、コードの曖昧化（Code Ambiguation）という概念を使用し、新しい世代のJ-POPアーティストのアイデンティティを分析している。Moodyが主張するコードの曖昧化とは、バイリンガル話者の創造的なレトリックであり、日本語でも英語でもないようなハイブリッドな表現を指す[8]。Moodyは、次のような例をコードの曖昧化として挙げている[9]。

（10）　I, I, I , I Tender（愛ってんだあ）

　　　　夢が舞い散るしらべ

　　　　I, I, I, I Tender

　　　　I Surrender（愛されんだあ）

　　　　（サザンオールスターズ　桑田佳祐作詞作曲『あっという間の夢のTONIGHT』）

　英語の「I Tender」の発音が、日本語の「あいってんだあ（あいしてんだ）」に、英語の「I Surrender」が日本語の「あいされんだあ」と聞こえる

8　ここでMoody（2006:218）から原文を引用しておく。'Code ambiguation, however, is a form of bilingual creativity that uses material from at least two languages in such a way that it is unclear which language is used.
9　Moodyの論文は全て英文で書かれているため、日本語の部分もローマ字表記になっている。そのため、（10）では公式のウェブサイトを参照してオリジナルの日本語表記に改めた。

ため、どちらの言語の言葉とも取れる「言葉遊び」だという分析だ。公式の歌詞には（10）のようにわざわざカッコ書きで、その「言葉遊び」が説明されている。

　Moody（2006）は、このようなコードの曖昧化の分析に、Hosokawa（1999）の「オルケスタ・デ・ラ・ルス」という日本のサルサバンドの研究を引用し、曖昧化現象は「日本人らしさ、アメリカ人らしさ、などを超えたハイブリッドな新しいアイデンティティを模索するため」ではないかと論じている。そして、この分析を（10）のサザンオールスターズの例にも当てはめている。

　さらに、Moody（2006）はMoody & Matsumoto（2003）に引用されているJ-POPバンドの「LOVE PSYCHEDELICO」のケースを取り上げて、日本人でもアメリカ人でもない曖昧なアイデンティティを、独特の歌い方で表現していると分析している。このバンドは、日本のJ-POPバンドだが、ボーカル担当のKUMIは帰国子女であり「日本語も英語的なイントネーションで歌うので、どちらの言語を使っているのかがすぐには、分からないほどだ」と指摘している。そして、このように日本語と外国語の境界線を曖昧にすることで、日本語のイメージを、より「コスモポリタン」なものにしようとする試みがあるのではないかと分析している。

6.3.2.　コードの「間ジャンル性」

　日本のJ-POPに、いち早くコードの曖昧化を示す歌唱法を導入したのは、（10）の歌詞を書いたサザンオールスターズの桑田佳祐ではないだろうか。たとえば『いとしのエリー』（1979）は、今や世界中のアーティストにカバーされる日本発のポップスになっているが、もともとは、ボーカルである桑田佳祐がアメリカのR&B歌手などのような歌唱法でこの曲を歌い、人気を博したのが始まりだった。アメリカのR&Bの表現を日本語の曲に取り入れるには、歌詞に英語を取り入れるしかなかったと考えられる。この曲では、「Lady」「My love so sweet」「Baby」「On my mind」「In your sight」と5箇

所で日本語から英語へのコード・スイッチングが起こっている。これらの英語表現は、量的にはあまり多くなく日本語の歌詞に添えられているという感じだが、桑田佳祐のR&B的な歌唱法と共に、日本語で書かれた歌をR&Bらしくするには効果的な方法である。

　この曲のリリース当時（1979）の動画が残っているが、桑田佳祐がRay CharlesなどアメリカのR&Bアーティストのように日本語を歌っているのがはっきりと確認できる。実際、日本のウイスキーのコマーシャル（1989年放映）で、Ray Charlesが『Ellie My Love』というカバー曲を作って歌ったという経緯があるが、その音声ファイルを聞くと、桑田佳祐がRay Charlesの声質やかすれ具合まで真似て『いとしのエリー』（日本語版）を歌っているのがよく分かる。すなわち、桑田佳祐が書いた歌詞のコード・スイッチングは、日本語で欧米のポップスやロック、R&Bを表現しようとした新しい試みであったと言える。また先にMoody（2006）がコードの曖昧化の例として引用している『あっという間の夢のTONIGHT』は、もともとカリブ海地方から広まったとされるメレンゲ（merengue）的なダンス音楽風に作曲されていて、ラテンのダンスミュージックを日本語で表現しようとした試みがコードスイッチングから伺える。

　第5章（5.1.4）で剣術系マンガの創作漢字や、スポーツ系マンガの漢語表現（5.1.7）について考察した。剣術系マンガでは、戦国時代の熾烈さなどを表現するために、漢字語を多用していると分析した。また、スポーツ系マンガにおいて、スポーツジャンルと全く別のジャンルである剣術系マンガから漢字語を借用することで、西洋スポーツマンガの世界設定に新たな意味を創出することができると論じた。この「間ジャンル性」現象をJ-POPのコード・スイッチング現象にも当てはめて、分析できないだろうか。すなわち、ローマ字表記の英語表現を混用することで、日本語の歌詞にアメリカ文化を背景とするR&Bらしいヴォイスを取り入れ、今までにない新しい音楽を創造することができるのだ。

近年の J-POP や J-ROCK には、ONE OK ROCK などのように、段落レベルで英語と日本語をスイッチする日本のアーティストがいるが、2つのコードが交錯しているにも関わらず、一つのまとまった音楽として感じられる。この点を作詞家の zopp 氏は、音楽サイト Real Sound のインタビューで次のように述べている [10]。「デジタルネイティブ世代のリスナーには、とくに『日本語・英語』という区別がないのかもしれません。生まれた瞬間からボーダレスな世界に生きているので、僕たち大人が若いころに思っていた対英語と、今の若者が思っている対英語の感覚がまったく違う」のかもしれない、と。すなわち、対人コミュニケーションにおいて、言いたいことが一番通じるような表現を選ぶように、音楽にも英語表現を一つの記号資源として取り入れると言うのだ。物語性の高い卒業ソングや抒情詩的な J-POP は、英語ではなく、日本語の小説のようなテキスト性をビジュアルに表出するために、和語の漢字表記を取り入れる。一方、ノリのよいラテン音楽などの場合は、英語やスペイン語を日本語に交錯させることで、「コスモポリタン」「グローバル」で「ラテン」、「ロック」なリズム感を表現している。次節では、その「グローバル」なヴォイスを、ポピュラーソングのタイトルの文字表記で表現しているケースを検討する。

6.4. グローバルな和語のヴォイス

6.4.1. J-POP のタイトルの推移

日本社会のグローバル化と共に、日本のポピュラーミュージックのタイトルも大きく変化してきた。日本の音楽市場の売り上げランキングを示すデータによると、時代の流れと共にヒット曲のタイトルの表記が変わってきたのがよく分かる [11]。1970年代は『なごり雪』『木綿のハンカチーフ』『および！

10　2015年6月のコラム記事 https://realsound.jp/2015/06/post-3606.html（最終アクセス 2018.11.10）
11　年間シングルヒット曲（1945年～）https://entamedata.web.fc2.com/music/hit_top_single.html（最終アクセス 2018.11.13）

たいやきくん』『渚のシンドバッド』など、ひらがな、カタカナ表記や、漢字仮名交じりのタイトルが多かった。その時代に、ベスト10以内でローマ字が使用されているのは、1977年8位ピンクレディーの『SOS』、1978年1位ピンク・レディーの『UFO』、同年8位サーカスの『Mr. サマータイム』、1979年7位西城秀樹の『YOUNG MAN（YMCA）』だけであった。

　1980年代も1984年ぐらいまでは同じような表記のタイトルが多い。ローマ字表記は1983年7位であった松田聖子の『SWEET MEMORIES』と1984年の3位、松田聖子の『Rocki'n Rouge』だけであった。しかし1985年を境に、ローマ字表記のタイトルがどんどん増えていく。日本のバブル経済に突入していく時代で、1986年に1位にランクされた石井明美の『CHA-CHA-CHA』をはじめとするディスコ調のアップビートな曲が流行り、アメリカの軽快なポップスの影響を大きく受けていた。このように英語をそのまま取り入れローマ字で表記したタイトルは、1990年代後半から21世紀に突入するまでがピークになる。たとえば、20世紀最後の年の1999年は、1位の『だんご3兄弟』以外全てのタイトルが英語のローマ字表記であった。2位から10位までは、次のような曲が占めていた。『Automatic』『Winter,again』『monochrome/too late/trauma/End roll』『energy flow』『Addicted To You』『Movin'on without you』『LOVE マシーン』『BE WITH YOU』『HEAVEN'S DRIVE』。

　そんな中、新しい傾向として、21世紀に突入する頃からローマ字表記の和語をタイトルに使用するJ-POPも増えてきた。たとえば次のようなタイトルである。

(11)　aikoi　　　aitai　　　AIKAGI　　Arigato　　　IMA

　　　HANA　　HANABI　　INORI　　KAZE　　　kaze ni naritai

　　　Namidairo　SAITA!!　　SAKURA　　SORA TOKI　tOKi meki

　　　yume　　　Yumemiru..

（11）は全て和語がローマ字で表記されているタイトルだ。大文字・小文字を変化させて独創的な表記をしているタイトルもある。「SAKURA」に至っては、卒業ソングということで、歌詞サイト（うたまっぷ）に登録されているだけでも60曲近くある。タイトルはローマ字表記の和語でも、歌詞自体はローマ字で書かれているわけではなく、従来のJ-POPと同じで、漢字・ひらがな・カタカナにローマ字が少々というパターンが普通だが、ローマ字が全く見られず、全て漢字ひらがな交じりという曲も多い。

6.4.2. クールジャパンと和語

それでは、なぜこのようなローマ字表記がポピュラーソングのタイトルに使用されるようになったのであろうか。曲のタイトルというものは、人の名前や本のタイトルと同じで、主体のアイデンティティを表現するものである。そして、その主体が、日本という国であるケースも存在する。ちょうど、J-POPのタイトルにローマ字表記の和語が出現し始めた頃、日本社会も大きな転換期に突入していた。日本の1990年代はバブル経済が崩壊し、経済的に大変な時期であったが、1990年代後半ごろから、日本は国の再建の一環として日本の製品の良さ、伝統に基づく職人技の素晴らしさなどを、国内および世界に向けて発信しようとしていた。

その一つの発信活動として、メディアや官公庁が、日本の製品の質の高さをPRする表現に、「製造」という従来からの漢語の代わりに、和語の「ものづくり」「モノづくり」という新語を創り、仮名表記で使うようになった[12]。和語でも「物作り」や「物造り」のように漢字を使用する選択もあったが、そうしなかったのは、文字表記で、Made in Japanの質の良さをアピールする試みだったからだ。ひらがなとカタカナは、中国から借用した漢字と違って、日本が独自に成立させた文字である。外国から入った漢字を避けて表記

12　内閣総理大臣表彰の「ものづくり日本大賞」については経済産業省のサイトを参照されたい。http://www.monodzukuri.meti.go.jp/index.html（最終アクセス 2018.12.5）

することで、日本独自の伝統に基づいた職人技や精神を生かしたものといった主観的な意味を表現する試みであった。以来、経済産業省は「ものづくり大賞」を設けて国内の企業の「ものづくり」を奨励し、日本の伝統工芸や匠の技に基づいた日本独特の製造技術、および職人技などを保存し、新しい産業に繋いでいこうとした。

　一方、この「造語」を海外に向けて発信する場合、「ものづくり」という日本語を英語に訳してしまうと「manufacturing」になり「製造」の英訳と同じになってしまう。もう少し「職人技」という意味を表現するために「craftsmanship」と訳すこともできるが、日本の伝統技術に基づいた技と精神、企業努力というような「ものづくり」という言葉の主観的な意味合いが今一つ伝わらない。そのため、日本の「ものづくり」を海外市場で紹介する場合、「Monozukuri」とそのままローマ字表記を使用する企業が多くなった。代表的な例が、TOYOTA などのグローバル企業である。海外のウェブサイトでは「Monozukuri」という表現を使い出した。

　そして、世紀が変わる頃、日本は「クールジャパン」という新たな戦略でマンガや、アニメ、ファッションなどのポピュラーカルチャーを海外に発信して「ソフトパワー」の力を国内外に向けてアピールするようになった。また、のちには「クールジャパン」の定義が広がり、2014 年にユニセフの世界無形文化遺産に登録された「Washoku」などもローマ字表記で世界に発信されていく。「和食」を英語で「Traditional Japanese food」と訳してもよいが、日本語、日本文化を知る者にとっては、「和食」の意味が説明的な英語表現ではうまく伝わらないので、ローマ字表記で「Washoku」として世界に向けて発信している。

　世界に広まったローマ字表記の和語は、その新しいコンテクストで新たな意味を創出していった。たとえば、「かわいい」という言葉は、アニメやマンガと共に世界に広がったが、日本語の「かわいい」と違い、海外の「kawaii」は日本のポップカルチャー的なものに限定される場合が多い。こ

のように、英語のテキストに和語がローマ字で表記されるようになった。そして、意味を変えたローマ字表記の和語が、日本語の中に「帰ってくる」と、「可愛い」「かわいい」「カワイイ」とは意味が違うので、「kawaii」とローマ字で表記されるのだ。

　このような流れで、J-POPのタイトルにも「桜」や「さくら」に加えて「SAKURA」という表記が見られるようになったと言える。今後、ポピュラーソングのタイトルや歌詞の中で、漢字、ひらがな、カタカナに加えてローマ字が混用されるケースがますます増えていくと予想される。平安時代に、漢語は漢字で表記しようと試みたように、今後もローマ字化した和語も含めて、英語はカタカナよりローマ字で表記しようという流れがより強くなっていくのかもしれない。

第7章　マルチモーダル・コミュニケーション能力と言語教育

7.1.　マルチモーダル・コミュニケーション能力

7.1.1.　日本語リテラシーの習得

　ここまで、日本のポピュラーカルチャーに見られる文字のマルチモーダルな表現力について考察してきた。複数の文字体系を持つ日本語の書記コミュニケーションは、世界一難解だと言われるが、同時に、ポピュラーカルチャーにとって、日本語の文字が非常に効果的な表現リソースであることも分かった。日本のポピュラーカルチャーの人気は、今や世界中に広がり、グローバル人材が日本語を始める動機にもなっている。しかし、欧米語を母語とする学習者にとって、日本語リテラシーを獲得するのには、かなりの時間がかかってしまうのが現実だ。

　その難解な文字体系を効果的に習得し、コミュニケーションに生かせるようになるには、実際に文字を使用したコミュニケーション活動に取り組むしかないと言える。Bezemer & Kress（2016）は、学習とは社会とつながることによって自然に起こり得るものだと論じている。また、学習（知識の構築）は、コミュニケーションを通じてのみ起こるとも述べている。つまり、日本語でのコミュニケーション能力を身につけるには、コミュニケーション活動を通じて日本語が話される社会とつながる必要があるのだ。

　そこで本章は、社会文化的理論に基づいたグローバル人材のリテラシー教育に関する先行研究を検討し、コミュニケーションのマルチモダリティを主張する本書の文字の分析が、グローバル人材育成の現場の日本語教育にどの

ように応用できるかを、ケーススタディを通して考察する。

7.1.2. 状況的学習

Kress（2010: 174）は、「教えることも学ぶこともコミュニケーションである」と述べているが、Lave & Wenger（1991）が提唱する「実践共同体（Communities of Practice）」での状況的学習（Situated Learning）に基づいた論述である。Lave & Wenger の学習理論は、教育哲学者の Paulo Freire（1970）が批判した「貯蓄型教育（banking concept of education）」を払拭する理論である。「貯蓄型教育」は、Kress（2010: 33-34）が否定する短絡な「双方向型コミュニケーションモデル」にも通じるものがあり、知識や情報を受け取る学習者は、教師が提供する知識をそのまま受け取り貯蓄するというような考え方だ。そこには学習者の主体性も意図も批判的思考もなく、学習者をただの受け皿としてしか見ていない。

Lave & Wenger（1991）が提唱する実践共同体での状況的学習は、学校などの教育機関だけでなく、企業の生産性を高めるためのチーム・マネージメントや技能教育の現場などにも広く取り入れられている。むしろ後者への採用が多い学習理論である。実践共同体は、ある目的を共有する参加メンバーが、協働により共同体の課題を遂行していくのだが、参加メンバーそれぞれが役割を担い共同体の目的達成に貢献する。この実践共同体の参加メンバー間の関係は、比喩的に言うと職人文化に見られるような師弟関係で、日本語初心者のような「新入り」は、「正統的周辺参加（legitimate peripheral participation）」という形で実践（コミュニケーション）に参加し、「師匠」や仲間と協働で社会実践活動を繰り返すプロセスを通じて、次第に高いスキルを獲得していくのだ[1]。

---

[1] Lave & Wenger（1991）に使用される用語の日本語訳は全て佐伯訳（1993）の『状況に埋め込まれた学習：正統的周辺参加』を参照した。

このような学習理論は、初心者を「不完全」な参加者と見なすのではなく、現時点で持っているリソースをフルに活用してコミュニケーションを遂行する「正統的」かつ完全な参加者として捉える。つまり、どのレベルの学習者も、自分の持っている力を最大限に生かしてコミュニケーション活動に挑む「一人前」の参加者だと認めるのだ。Jewitt and Kress（2003）が指摘するように、学習者は社会実践活動としてのコミュニケーションの経験を踏み、その結果リソース（言語の文法、語彙、文字、マルチモーダルな記号資源、社会に対する知識など）が豊かになり、できることも増える。そして、できることが増えると学習者の役割も変化し、それがアイデンティティの変化につながる。その学習の具現化を評価するのが学習者を導く者の役割になるのだ。

　たとえば日本語の学習者は、初級では非常に限られた日本語の表現しかリソース（記号資源）にないわけだが、その限られたリソースを駆使してコミュニケーションの目的をうまく達成できる学習者とそうでない学習者がいる。リソースにはバーバル記号だけでなく、イメージやサウンドなどマルチモーダルな記号資源、さらに文化的知識、批判的思考能力、ITスキルなども含まれる。そのリソース素材やスキルをいかにうまく組み合わせてデザインし、実際のコミュニケーションに活かせるかが評価ポイントになるのだ。教師はその点を考慮しながら学習者をサポートし、逐次、評価していくことで学習者のマルチモーダル・コミュニケーション能力を高めることができる。次節では、このような社会文化的学習理論を、言語教育に適用した教育アプローチについて検討する。

7.1.3. Social Networking Approach

　マルチモダリティ理論では、コミュニケーションの意味を解釈する活動そのものが学習だと捉える。つまり、学習とは先に述べた従来型の「送り手が発信したメッセージを受け手が解釈する」というような受け身的な活動ではなく、学習者が自分の興味や過去の経験を基に、持っているリソース知識や

スキルをフルに活用しながら意味交渉を行い、メッセージを解釈するという能動的な活動なのである。

　このような理論を具体的に、言語教育カリキュラムに適用したのが、當作 (2013) の「ソーシャルネットワーキングアプローチ」(Social Networking Approach、以下 SNA と略す) である。當作は、言語活動（コミュニケーション）とは社会活動であると定義し、言語を使って「社会生活」を営むことが、言語の目的であり言語教育はその達成を目指すべきだと主張している (2013: 57)。その主張に基づいた SNA は、外国語教育の目標を「人間形成とグローバル社会を生きぬく力の育成」だとしている (92)。

　国際文化フォーラムから出版された當作・中野 (2012) の『外国語学習のめやす』では、外国語の教育理念を「他者の発見」「自己の発見」「つながりの実現」、学習目標を「総合的コミュニケーション能力の獲得」と定めている。総合的コミュニケーション能力は、「言語」能力に加えて「文化」「グローバル社会」の 3 つの領域から構成され、それぞれの領域においての「わかる」「できる」「つながる」の 3 つの能力と (1) 関心・意欲・態度 (2) 既習内容・経験 (3) 教室の外の人・モノ・情報とつながる力の 3 × 3 + 3 の連繋を総合的に用いて社会活動を行う能力を指す。言語教育のためのアプローチであるが、言語だけではなく文化やメディア・リテラシーなどを総合的に育成するという SNA の考え方は、Jewitt & Kress (2003) や Kress (2010) が提唱する社会文化的学習理論および、マルチモダリティを主張する社会記号論に合致する言語教育のための具体的な方法論だと言える。

7.1.4. 「本物」の目的を持ったマルチモーダル・コミュニケーション

　SNA が提唱する総合的コミュニケーション能力とは、どのような能力かを、書記コミュニケーションを例に挙げて考察する。近年のデジタルテクノロジーの台頭で、テキストもマルチモーダルになり、学習者は今までに遭遇したこともないようなテキストを解釈する能力が必要になる。従来型のクラスル

ームで使用されるテキストは、モノモーダルで、文字ばかりのページに、せいぜいイラストや写真が一枚添えられているだけのようなものであった。しかし、マルチモーダル・コミュニケーション時代のテキストは、第3章で見た食品会社のホームページなどのように、多様なイメージやレイアウトで構成されているため、学習者は、どの部分からどのような情報を得るかを決め、自分の興味や過去の経験に従って主体的に解釈する能力が必要になる。SNAは、このような能力を育成するため、教室の外から「本物」の目的を持ったオーセンティックな「テキスト」を取り入れることを提唱している。

　社会活動には必ず実際の目的が存在する。たとえば、第3章で検討した菓子パンの原材料名ラベルと商品名の違いに立ち返って考えてみる。原材料名のラベルを作成する主体の意図は、消費者の食の安全を考慮し、食品表示法に従って、消費者がわかりやすい表現を選んで表記することだ。ラベルを読む消費者（解釈をする側）も、社会が共有する「規範」と主体の意図を想定し解釈する。そのため、食品ラベルが基準から外れた表現になっていると、解釈ができずコミュニケーションが成り立たないのだが、それも消費者が自分の過去の経験とリソースを発動させて解釈に挑んだ結果である。このような一見単純に見えるケースでも、コミュニケーションには言語だけではなく文化、社会、批判的思考など、さまざまなリソースやスキルが必要になることが明らかだ。

　また、実際の目的を持ったマルチモーダル・コミュニケーションでは、発信者の意図と解釈側の意図が合致しても、解釈には必ず読み手の過去の経験や視点が入るので、解釈されたメッセージは、もとのメッセージとは違ったメッセージとなる。そしてその新しく構築された意味がまた学習者のリソースに加わり、次のコミュニケーション活動の既存のリソースになるのだ。学習者は、このように実際の目的を持ったマルチモーダル・コミュニケーションを通じて意味の構築活動を繰り返し、やがて「実践共同体」の十全的な参加者になっていくのである。これが、SNAが目指すグローバル社会を生き

ぬく人材の育成である。

7.1.5. コミュニケーションの「再デザイン」

SNA の枠組みでグローバル人材のための日本語教育を考えると、従来の
カリキュラムや評価法を見直す必要があることは自明である。特に「教材」
をどこから持ってくるかが課題となる。たとえば、従来のリテラシー教育で
は、読むことが書くことより重視される傾向にあった（Burn 2009, バーン・
奥泉 2017）。また読む活動も、学習者の興味を無視したものが多く、能動的
に意味構築を実践できるような素材ではない場合が多い。語彙や文法などが
認識できても、実際の目的を持ったテキストでなければ総合的コミュニケー
ション能力が身につかないのだ。

書く活動に関しても、熊谷（2011: 5）が指摘するように、授業で導入した
文法や漢字を学習者がどれだけ理解しているかを、教師が確認するための道
具になっている場合が多い。また文字教育に関しても、その表現力や歴史的
経緯を無視した形の導入になっている。深井・佐藤（2011）は、教育現場で
のそのような文字導入を批判し、学習者の能動性と創造性を養うために実践
した「カタカナプロジェクト」の結果を報告している。「本物」のテキスト
では「カタカナは外来語を表記する」というような規範から外れるケースが
多い。深井・佐藤（2011: 52）が報告しているプロジェクトでは、Gee（1990）
や Kramsch（1989）のリテラシーの概念を踏まえ、学習者がその規範に縛ら
れることなくカタカナの多様な表現力や多重のヴォイスに気づくように、広
告などから実例を収集分析させている。

またその分析を基に、学習者たちがカタカナの多様な表現を「再デザイ
ン」して創作活動に活かせる実践活動が行われた。たとえば、一人の学生が
『窓際のトットちゃん』を読んで、その続きを書いた創作作文で「何をして
るの？やめようよ、だめだよ。そんなこと。大人が見たら困ったよ。ヤーメ
ーョーーー。。。」と表現するくだりがあるが、「やめようよ」と表記する代わ

りに「ヤーメーヨーーー」とカタカナで表記している。書いた学生は、「人々の注意を引くと同時に、物語をもっと生き生きとさせる」レトリック効果を狙ったと言う。このように、実際の授業に文字の表現力を認識する再デザイン活動を導入することで「従来のように学習者が教師によって与えられたルールをそのまま受け入れるという学習ではなく、学習者がカタカナ表記の使われ方を検証し、規範の恣意性に気づく」過程になると主張している。

　岡本（2013）は、New London Group（2000）のマルチリテラシーズ理論に基づいた３つのデザインプロセスを留学生の創作活動に導入し、再デザイン活動の実践を行なっている。岡本（2013: 379-380）は、次の３つのデザインプロセスを想定している。

1. Available Design（既存のデザイン）
　デザイン活動のために利用される既存のリソースであり、当核言語社会の成員が共有する規範や秩序、価値観などが含まれる。

2. Designing（デザインの過程）
　既存のデザインをもとに、複数のモードのデザイン要素を組み合わせ、既存のデザインに変更を加え、新たな意味を創り出す過程のこと。

3. The Redesigned（再デザインされたもの）
　２のデザインの過程を経て、新たにデザインし直されたアウトプットのこと。

　このプロセスは、Kress & van Leeuwen（2001）のマルチモダリティ理論の談話（Discourse）・デザイン（Design）・制作（Production）に当たるものだ。岡本は、この３つのデザインプロセスを想定し、まず学生にデザインへの気づきを促すため、商品ラベルや広告、CM などに見られる「文字シフト」（岡

本2008）と「文体シフト」を紹介してその意味を探らせた。その「気づき」活動の後、実践として作品を創らせているが、その作品の一つにToppoというチョコレートの例がある。これは、受験生用に販売するという設定で「Toppa　合格」というように文字が再デザインされた。オリジナルの製品の名前「Toppo」とビジュアルイメージが似たローマ字「Toppa（突破）」を使った語呂合わせだ。これは、「Kit Kat」チョコレートが「きっと勝つ」などの語呂合わせをPRするように、広告メディアに多用される創造的表現法だ。岡本は、このような再デザイン活動の過程を経て、学習者たちが自律的に協働で新たな意味や価値を創り出す力、すなわちメディア・リテラシー能力の育成につながると主張している。

　育った社会や文化が違うため、日本人と同じ「感性」や「社会規範」を共有しないグローバル人材に対して、このような気づきの場を与えるのは非常に大事だと言える。先に引用した「カタカナプロジェクト」で、熊谷・佐藤（2011）は、日本語の文字の歴史的経緯について気づかせる必要性を指摘している。一人の学習者が、宮沢賢治の「雨ニモマケズ」の詩をカタカナ使用の例として教室に持ち込んだことから、カタカナ使いの歴史的変化について話し合う機会が持てた経緯を紹介しているが、文字の「歴史的変化に注目することを教師が何らかの形で促すことが必要である」と述べている。本書で検討したように、カタカナは漢語と共に戦後直後まで「公的」「権威的」「男性的」な文字として使用されてきた。そのような文字の背景にある社会的な意味に気づかせるのは、大切なプロセスだと言える。また、教師側も、改めて、日本語の文字表記と社会との相関関係について、振り返る必要があるのではないだろうか。

　熊谷・佐藤（2011）は、Freire & Macedo（1987）の批判的ペダゴジーの概念を引用し「読むこと」は文字を読むだけでなく社会を読むことであり、「書くこと」は文字を書くだけでなく、自分の言葉を使って社会に働きかけることだと論じている（熊谷 2011）。Gee（1990）が主張するように、言葉や

第 7 章　マルチモーダル・コミュニケーション能力と言語教育　　161

文字の意味は、社会文化的コンテクストの中でのみ構築されるものである。
そういった意味で、グローバル人材が関わるコミュニケーションは、彼らの
解釈が加えられ、再デザインされ、その実践を繰り返す中で、日本語の文字
コミュニケーションそのものも変化していくと言える。そのため、熊谷・佐
藤（2011）が指摘するように、グローバル人材がそのような批判的・創造的
なコミュニケーション活動に取り組むことができるように、彼らの指導者が
「さまざまな教授法、評価法を批判的に見つめ直し、実際の状況に合わせて
創造的に使っていくこと」が重要になると言える。

7.1.6.　国語科でのメディア・リテラシー教育実践

　奥泉（2015）は、日本の国語教育の視点から、現在のメディアリテラシー
教育の理論と実践の変化を分析し、学習者の言語生活が大きく変容する中、
マルチモーダルなテキストを教育現場に導入する動きが活発になってきてい
ることを報告している。たとえば、コミュニケーションのマルチモダリティ
に気づかせる実践教育として、モンタージュ法やシークエンスなど「映像言
語やそのレトリックの学習は、メディア教育という枠組みを得て国語科の実
践として確実に位置づけられた感がある」と述べている（11）。またメディ
ア特有の表現特性に気づかせるため、マンガを「シナリオという文字言語に
変換」する実践も効果的だと報告している。

　マンガは特にクロスメディア性が高く、アニメ化されたり、ライトノベル
やドラマになったりするケースも多いので、そのような違うメディアが構築
する意味の違いを体験できるのは大変貴重だと言える。第 4 章でも述べたが、
メディアの父と呼ばれるカナダの哲学者マクルーハン（McLuhan 1964）が
「メディアはメッセージだ（The Medium is the Message）」という有名な言葉で
表現したように、メディアが変わると表現が変わり解釈に大きな影響を与え
る。それに気づかせる教育実践は、マルチモーダルなコミュニケーション能
力を育成する意味で非常に大切な実践であると言える。学習者が創作活動に

取り組む際に、目的に合った最適のメディアを、過去の実践経験に基づいて主体的に選択できるスキルを育成することになるからだ。

　英国のメディア教育プロジェクトの結果を踏まえて Burn（2009）は、子どもがメディアを制作する際、過去のメディア経験に大きく影響されると論じている。たとえば、ビデオゲームを制作する際にゲームのシナリオを書かなければいけないが、彼らがゲーム制作のために選ぶ物語は、ホメロスの『オディッセイア』など過去に本で読んだ物語に基づくものであった。この選択は、物語の中でも冒険系のナラティブがゲームという新しいメディアのナラティブに向いていることを子どもたちが経験を通じて理解し、新しいメディアでの創作活動に生かそうとしていることを示している。

7.1.7.　ポピュラーカルチャーを日本語教育へ

　このように過去のメディア経験がリテラシー習得に果たす役割が強調される近年、グローバル人材のための日本語教育にも、ポピュラーカルチャーのコンテンツを取り入れようとする試みが見られるようになった。国際交流基金関西国際センターも、金水（2003）の「役割語」研究を基に『アニメ・マンガの日本語』というオンライン e ラーニングサイトを開発した（熊野 2010）[2]。本章の冒頭でも述べたが、日本のポピュラーカルチャーは世界的な人気を誇り、難解な表記体系を持つ日本語の学習動機にもなっている。また、ポピュラーカルチャーのコンテンツは、日本の社会文化的背景を理解する最適の「教材」になる。たとえば、人との別れや、利那感、「もののあわれ」を和語で表現するが、それを解釈するには背景となる社会や文化についての理解が必要だ。また同時にポピュラーカルチャーを日本語教育に導入することで、学習者の意欲を高めると共に、実際の目的を持つコミュニケーション活動（楽しむために読むなど）を通してマルチモーダル・コミュニケーション

2　http://anime-manga.jp/

能力の育成に繋げることができる。

　そのような「教材」開発を目指して、熊野（2011）、熊野・川嶋（2011）は、日本のマンガに使用される語彙や漢字を量的および質的に分析し、ポピュラーカルチャーのコンテンツを日本語教育に導入する意義を提唱している。まず熊野（2011）は、マンガの語彙をジャンルごとに分類し、それらを日本語能力試験の級別頻出語彙と比較している。分類に使用されたジャンルは、次の４つで、対象作品は代表的な例をここに抜粋した。

1) 恋愛：『NANA』『のだめカンタービレ』『フルーツバスケット』『MARS』『花より男子』など
2) 学校：『フルーツバスケット』『カードキャプターさくら』『桜蘭高校ホスト部』『花より男子』『セーラームーン』『テニスの王子様』『彼氏彼女の事情』『ドラえもん』など
3) 忍者：『NARUTO』『バジリスク』『忍者ハットリくん』『サムライチャンブルー』など
4) 侍：『バガボンド』『サムライチャンブルー』『るろうに剣心』『大奥』など

　恋愛ジャンルは少女マンガが多く、逆に忍者・侍ジャンルは少年マンガが多いが、学園ものは少年少女両方のタイプのマンガ作品が見られる。

　対象作品からも明らかなように、「恋愛ジャンル」と「学校ジャンル」および「忍者ジャンル」と「侍ジャンル」では重複している作品があるが、本書の第５章で見たように、スポーツジャンルのマンガは、侍ジャンルおよび学校ジャンル両方の語彙や表現が多いので、ジャンルが交錯するのは自然だと言える。熊野（2011）は、上の４つのジャンルに頻用される用語が使用されているセリフを抽出し、詳しく品詞に分けて分析している。その結果を抜粋すると次のようなものであった（44）。

1) どのジャンルも日本語能力試験の級外語彙が半数以上を占め、アニメ・マンガの用語は、教科書や辞書の掲載語彙とは異なるジャンル特有の語彙があることが認められた。

2) 侍・忍者ジャンルには固有名詞や専門的な語彙が多いが、学校・恋愛ジャンルは比較的日常的な表現が多い。

3) ジャンル毎に品詞割合における特徴がある。名詞の割合が多いのは学校・侍ジャンル。特に学校は8割と顕著。動詞の割合が多いのは忍者・恋愛ジャンル。忍者はアクション系の動詞、恋愛は恋愛の展開や感情の動きを表す動詞が多い。形容詞の割合が高いのは恋愛ジャンル。容姿、性格、感情を表す形容詞が多い。

4) 恋愛ジャンルの表記では仮名書き、長音記号の多用、漢字や仮名の混合表記などの特徴が多かった。学校ジャンルは、略語や造語的な動詞（仮名2字＋る）、カタカナ表記の語などが多かった。侍ジャンルは、漢字の使われ方において、熟字訓や漢字一字の語が多いなどの特徴がみられた。

5) 各ジャンル用語の内容面の特徴として、恋愛ジャンルは、人の容姿、性格、感情、恋愛の展開に関する語が多かった。学校ジャンルは、勉学や学校施設に関する語の他に、人物に関する語、人間関係、学校外の日常生活に関する語がみられた。忍者ジャンルは、戦いなどアクションに関する語に加えて、忍者の道具や術、また自然や身体に関する語も多かった。侍ジャンルも、戦いに関する語のほか、修行、生死に分類される語（死ぬ、殺す、命など）、また職業や階級など人物を表す語も多く見られることがわかった。

また熊野・川嶋（2011）は、アニメ・マンガに使用される漢字を分析している。データの抽出方法は、上記のアニメ・マンガ作品を4ジャンルに分類し、各ジャンルの頻出用語1000語を抽出した。そして、初級漢字100と、中上級漢字150として、各ジャンルに特徴的な単漢字および漢字語を抽出し

て分析している。その結果、マンガに使用される漢字は、日本語能力検定試験（JLPT Japanese Language Proficiency Test）で必要とされる漢字との重複が見られると報告している。また、ジャンルによっても難易度が違い「学校→恋愛→忍者→侍の順で難易度が高くなる」と述べている（22）。

　このような分析結果は、本書の第5章で検討したストーリー・マンガの漢字表現からも予測できる。たとえば「侍ジャンル」だが、剣術系のマンガは、武士道的な表現のための難解な漢語が多い。少年少女マンガは基本的に総ルビなので、マンガ家の意図は少年少女に全ての漢字を理解してもらうというよりは、ルビがあるので自由にビジュアルイメージとしての漢字語を使用し、戦国時代の厳しさや武士道精神を表現する目的で使用されていると主張した。「学校ジャンル」においては、現代の若者の生活を描写するための「軽い」「ポップな」表現が使用され、その結果、メイナード（2012）が分析する会話調スタイルが多用され、ビジュアル記号である感嘆符や星マーク、またカタカナ表記で軽快さを出す工夫をしているのが特徴だ。これも、マンガのレトリックの一部でポップな世界観を表現するためである。「学校ジャンル」でも、サブジャンルとしてスポーツマンガやシリアス・ドラマ系があり、一概にポップな世界観とは言えないが、ジャンルと漢字・語彙の相関性を示し、日本語能力試験の漢字・語彙と比較したこの一連の量的かつ質的研究は、文字表記の研究としても高く評価できるものであると言える。また「アニメとマンガの日本語」と共に、現場の日本語教師にとって、学生の学習動機を高めるアニメやマンガを日本語教育の現場に導入するヒントになる研究だ。このような研究は、今後のポピュラーカルチャーの日本語研究の方向性を示すものだと言える。

7.2. 動画プロジェクト

7.2.1. プロジェクトの概略

　以上、SNA に基づく言語教育の可能性として、「本物」の目的を持ったコミュニケーションの実践と、ポピュラーカルチャーなど、オーセンティックなテキストを教育現場に導入する必要性を検討した。本節では、SNA の概念を基に、米国中南部の大学で日本語を履修している学生たちが日本とつながるプロジェクトを通して、自分たちの過去の経験を学習として具現化させるプロセスを分析する。特に学習者たちが、マルチモーダルな表現を駆使したメディアから文字のビジュアル性に気づき、その学習を制作活動で具現化させる経緯に焦点を絞って検討したい。

　このプロジェクトは、米国中南部の大学で日本語を外国語として学習する学生たちが日本から提供された観光動画を使って学習し、その感想を動画にして送り返そうという企画から始まった。その日本の古都をアピールする動画には、学生たちが好きな剣術系のマンガに出てくる漢字語がイメージとして多用されていた。またミュージックビデオのように音楽のビートに、映像のシークエンスが合わせられるなど、マルチモーダルな表現を活かしたプロの作品であった。それらを使って、学生たちは、文字を再デザインする活動などに取り組み、学期末には、自分たちの街を紹介する動画を制作した。学生たちは、制作のプロセスで文字表記や絵文字、イメージの選択も含めてさまざまなデザインを検討した。プロの「本物」の目的を持った作品を、自分たちがマンガや J-POP から得たリソースを発動して解釈し、また仲間と協働で動画を制作するプロセスを通してグローバル人材としてのアイデンティティを高めることもできた。ここでは、プロジェクトの詳細を紹介すると共に、学生たちが制作したテキストも分析し、学びの具現化を検証する。

7.2.2. 奈良市観光動画のテキスト分析

このプロジェクトは、2017年秋に奈良市役所の観光課から外国人観光客向けの動画の提供を受けたのを機に行われた[3]。参加した学生は、米国中南部の大学の日本語中級レベルの学生たち（日本語履修時間270時間）合計11人で、5人（女子3人男子2人）と6人（女子3人男子3人）の2グループであった。それぞれのグループに1人ずつ日本に短期で留学した経験のある学生がいたが、奈良に行ったことがある学生はいなかった。また学生の背景として、プログラムには学生が卒業生や地元の人から寄付してもらった日本のマンガ本を集めて自主的に運営する「マンガ図書館」が存在し、地元の日本祭りの際にコスプレに参加するグループや、メイドカフェクラブがあり、フードイベントでは、これらのクラブのメンバーが手作りのスイーツを販売し、またアニメ的なダンスを披露するグループもある。

プロジェクトでは、学生たちが提供された奈良市の観光動画を見て学んだことをビデオレターの形で伝え、また学期末には自分たちの街を紹介する観光動画を制作して奈良市役所に送った。提供された動画は奈良市と奈良市観光協会が、プロに依頼して制作したもので、世界中の人に奈良をPRして観光客の数を増やしたいという目的を持ったものであった。英語版と日本語版があり非漢字圏の学習者のためにと、特別にルビつきのバージョン3種（フルバージョン4分半の長さが1種、ショートバージョン2分のが2種）も用意された。動画のテーマは「奈良〜日本が始まった場所〜」で、奈良の魅力が動画とサウンドトラック、そして言語ではナレーションではなく、画面にスーパーインポーズされるテキストで表現されていた。

フルバージョンの動画のサウンドトラックは、最初は静かなもので、途中から忍者ジャンルのアニメの主題歌のような和ロック調に切り替わり、随所

3　提供を受けた動画は、次の3種であった。Short version1 https://youtu.be/j-qjCh9Z4-w; Short version2 https://youtu.be/u4kdTiT98bU; Long version https://youtu.be/qi3kAIe1xLo（最終アクセス 2019.12.5）

で剣を振る音などの効果音も挿入されている。テキストは、「一刀石」など
のキーワードと共に説明文がブロック囲いで提示される。動画のスーパーは
総ルビになっているが、ルビを後からつけたため、二行目のルビは本文の下
につけられている。スーパーのテキストは次のようなものである。ここでは
難解な固有名詞以外、ルビは省略して表記した。

「一刀石」
　　　「かつて剣術を始めた人間が切ったと言われる伝説の石が深い山の
　　　中にひっそりと佇んでいる」
「芳徳禅寺」
　　　「山の麓にはその剣士が剣術を生んだ道場が残る。秘伝を受け継ぐ
　　　住職が、禅体験を指導してくれる」
「真勝流刀道　奈良道場　日本刀体験」
　　　「真剣を扱うこの道場では、その見事な剣さばきを見学し、実際に
　　　真剣を持って体験することも出来る」
「東大寺」
　　　「世界最大の木造建築である東大寺には、奈良を代表する大仏が鎮
　　　座する」「大仏の鼻の穴と同じ大きさのこの穴を通り抜けると健康
　　　に過ごせるという言い伝えがある」
「鹿寄せ」
　　　「天然記念物に指定されている奈良公園の鹿は全て野生。100年以
　　　上続く鹿寄せでは、森の奥から集まる鹿を見学できる」
「相撲館　けはや座」
　　　「奈良は相撲発祥の土地でもある。本来女性が上がれないとされる
　　　土俵で、誰でも相撲体験ができる」
「さかど」
　　　「その日食べる鶏は、朝絞めるというこのお店では、格別な鳥料理、

鳥のすき焼きも食べられる」

「柳生忍術学院」

　　「忍者を研究する先生より、古くから使われた忍者の武器の数々を
　　体験することができる」

「慈光院」

　　「茶室を備えた禅寺としては日本で最も古い慈光院。美しい庭と日
　　本のおもてなしの心である抹茶を楽しめる場所」

「信貴山　玉蔵院」

　　「毎晩22時まで石塔に明かりが灯り、幻想的な雰囲気を醸し出す境
　　内。宿坊に泊まり僧と同じ精進料理を食べ、仏門体験ができる」

「うめもり寿司学校」

　　「外国人にも人気の高い寿司学校では、人気のネタ8種類を自分で
　　握り、食べることができる」

「春鹿」

　　「日本清酒発祥の地奈良で数種類の日本酒をちょっとずつ飲む利き
　　酒ができる。気に入ったお酒はその場で買える」

「奈良町」

　　「古い町並みが残る奈良町では、伝統の日本家屋やカフェなどを楽
　　しむことができる」

「平宗」

　　「柿の葉に包んで食べる柿の葉寿司は奈良の伝統料理。実際に自分
　　でつくるところから体験できる」

　ショートバージョンの動画は、第6章で紹介したリリックビデオのように
音楽のビートに合わせて大きな文字と映像がシンクロされるものであった。
また、テキストは「剣を極めし者」などの古典文法を混用し、音楽や文字の
イメージと共に、テーマの「日本が始まった場所」というメッセージの結束

性を高めている。先に見たように、ロングバージョンのテキストには、叙述的な文が多いが、ショートバージョンの方は、倒置法や名詞止めなどに加えて、古典文法や文字選択で詩のような情感を強調している。特に、ロングバージョンにも言えることだが、「剣術」や「忍者」など漢字語のイメージを活かしたデザインは、海外の日本のポピュラーカルチャーファンを意識したものだと言える。ショートバージョンは2タイプあったが、テキストの内容は、ほとんどが同じため、バージョン2だけを下に示した。

　　ショートバージョン2
　　「その昔 / 日本人は / 巨大な仏像を建てた / その場所では / 酒が生まれ /
　　剣術が起こり / 神の使いが現れた / 未だ人々は知らない / その場所から /
　　日本が始まったということを / 奈良　日本が始まった場所 / 鹿を呼ぶ者 /
　　剣を極めし者 / 日本酒を受け継ぐ者 / 伝統を守りし者 / さあ、始まりの
　　場所へ / 奈良　日本が始まった場所」

　テキストのみを見るとかなり難解な漢字語が多いが、学習者たちは、映像、サウンドなどのマルチモーダルなイメージが含まれていたことから、この動画のメッセージを自分たちの過去のメディア経験に照らし合わせて、読み解くことができたようだ。

7.2.3.　動画の解釈と評価活動

　学生たちが動画をどのように解釈したのか、またどのようなフレームで解釈したのかを調べるために、一連の活動を行なった。まず、クラスで動画の感想を日本語で話し合う機会を設けた。その際、奈良市のイラスト付き観光マップと、ロングバージョンのテキストをタイプしたものを渡し、手元資料として使わせた。ほぼ全員が「奈良はいいところなので来てほしい」というメッセージを動画から受け取ったと述べている。その「いいところなので」

が動画で示されて「来てほしい」というメッセージが解釈できていたようだ。

　自分たちが解釈した「いいところはどこか」という話し合いで、11人の学生のうち、3人が「柳生忍術学院」「奈良道場」に興味を持ったと答えた。続いて「鹿」2人、「慈光院」1人、「うめもり寿司学校」1人、「信貴山　玉蔵院」1人、「相撲」1人であった。残りの2人は、「伝統的なもの」に興味を持ったと答えたが、特に場所の特定はしなかった。また、サウンドトラックやイメージも含めて、動画のデザインに関しての話し合いを行った。ショートバージョンのサウンドトラックが、剣術系や忍者系のアニメに使用されるアニソンのイメージに似ているなどの感想が出てきた。

　その後、奈良市役所に動画のフィードバックをするための前準備としてのタスクシートを教室外で完成させ、次のクラスでの活動に使用した。また動画のコンセプト「日本が始まった場所」が、どのように解釈されたかを確認する目的もあった。タスクシートには、次のような項目を設け、学生たちは質問に答える形で動画の評価活動を行なった。

1) 動画のテロップから、コンセプトになるフレーズやキーワードを探して記入する。
2) (1) のキーワードの表記を説明する（例　剣術（けんじゅつ）［漢字］）
3) （タスクシートに記載されている）(A) 紹介されていた場所と、(B) 可能な体験活動を、線で結びつける。
4) (3) の中で、自分が1番行きたい場所、してみたい体験を選んで、理由を説明する。
5) 「アメリカ人に人気がある場所はどこだと思うか」
6) 「日本に行ったらどんなことを体験したいか。奈良ではその体験ができるか」
7) ショートバージョン1の動画に出てくるキーワードの漢字語を、動画を「聞きながら」確認する。

8）動画のデザインについての評価コメントを書く（サウンドトラック、イメージ、アングルなど）

　以下に、それぞれのタスクの結果を、報告する。（1）の動画のコンセプトになるフレーズや、キーワードに関しては、ほぼ全員の学生が動画のフレーズ「日本が始まった場所」に注目することができていた。1人はショートバージョンに出てくる「未だ人々は知らない」がキー・コンセプトだと答えた。また、ほぼ全員の学生が「鹿」、「仏像」、「忍者」、「剣術」などを、キーワードとして選んだ。

　（2）は、「仏像」などの漢語が多く、漢字語がこの動画のキーワードになることが理解できていたようだ。

　（3）は、左の場所の名前と、右の解説文を、線で結ぶタスクだが、紹介されている場所とそこで可能な体験活動が正しく理解できるかを確認するためのタスクであった。学生の全員が、場所と体験内容を関係づけることができた。

　（4）の回答は「自然と抹茶が好きなので慈光院に行きたいと思った」や「奈良道場に行きたい。剣術が習いたい」など、動画のコンセプトに合った活動に興味を持った学生が多かった。また学生たちのそれぞれの興味と、その視点からの解釈を垣間見ることができた。たとえば、「剣術がおもしろそう。師匠がじょうず」と答えた学生がいたが「師匠」という表現は動画にはなく、動画では「忍者を研究する先生」という表現が使用されていた。その学生に「師匠」という表現について尋ねたところ、前から知っている言葉だったし、動画でも師匠と言っていたように思ったと説明していた。つまり、この学生は、動画を解釈する際、自分の過去の知識をリソースとして使用し、能動的に解釈活動に取り組んでいることを、動画の評価活動で具現化することができたと言える。

　（5）の質問は、学生たちが将来のグローバル人材の立場から客観的に動画

を評価できるかを調べたのだが、伝統的なものや、和ロック調の音楽はアメリカ人に受けると述べている学生が多かった。また、鹿のイメージが日本とアメリカでは違うことを指摘している学生もいた。アメリカの鹿は、狩猟の対象として捉えられる動物だが、その動物と、公園で触れ合えるのがいいと述べていた。また、鹿を動画のコンセプトに結びつけて神道の「シンボル」で、日本人が動物を大切にする理由が見えると自分の解釈を述べた学生もいた。学生たちが住むアメリカ中南部は、保守的で銃規制に反対する市民も多いが、日本語の学習者は日本人のような感性を持っている者も多く、さまざまな形で日本文化と触れる中で身につけたものだと思われる。教室での日本語学習に加えて、アニメやマンガなどのポピュラーカルチャーの日本語に触れる中で日本語話者が共有する社会文化的な知識や感性が芽生えているのが認識できる。

（6）は（4）の回答の繰り返しだった学生がほとんどだが、中には東京の秋葉原に行ってアニメやゲームなどを購入したいので、奈良にそのような場所があるのかが知りたいと答えた学生もいる。

（7）は、タスクシートに載せられているキーワードを、動画で出てきた順に番号をつけるタスクで、後の再デザイン活動のもとになるタスクである。たとえば、「仏像」は「剣術」より先に出てくるのを確認した。これはイメージ（剣術シーン）とテロップの漢字語（「剣術が始まった」）を結びつけることができるかを確認するタスクでもある。

（8）は、漠然と音楽や動画について「よかった」とだけコメントしている学生が多かったが、中には音楽が副専攻の学生が、サウンドトラックと音響効果（鳥の声、剣でものを切る音など）の選択について詳しくコメントしていた。また、『NARUTO』などのマンガに出てくる手裏剣などのイメージが使われていてよかったというコメントもあり、PR動画の最後に、日本の色、赤の能楽師のイメージが「奈良」という白いフォントの漢字と一緒に提示されるのが「クール」だと述べた学生もいた。ここでも、自分の既存の知識を、新

しい経験に活かして、動画のメッセージに自分たちの新しい解釈を加えている様子が見て取れた。

7.2.4. 再デザイン活動

このプロジェクトに参加した学生たちのほとんどが日本語の文字、特に漢字習得の難しさを実感している。一方、日本語は漢字使用をやめた方がいいと思うかと聞けば、答えは「ノー」で、漢字が「好き」だ、「必要」だという学生が多い。この矛盾は、どこから来るのか。学生たちは、本書で考察したようなビジュアル記号としての漢字の表現力に気が付き始めているのだろうか。

この学生たちの文字に対するイメージを確認するために、7.1.5で紹介した岡本（2013）の実践に準じ、奈良市 PR 動画に使用されている文字の「再デザイン」活動を行なった。学生の文字に対する感性を知るための活動なので、（1）教師はまず動画の中からターゲットにするキーワードを決め、その文字表記と代替案を用意しスケッチブックに大きく書くか、デジタル写真として文字表記を変えたバリエーションを用意する。たとえば、画像1の能楽師のイメージと共にインポーズされる「奈良」の漢字。この文字の代替案として「なら」「ナラ」「NARA」のバリエーションを用意する。

（2）次に、クラスで動画をプレイし、動画を各キーワードのシーンで静止させる。そして、学生たちとスクリーンに映し出されたオリジナルのデザイン（能楽師のイメージや色、書体の色、レイアウトなど）について話し合う。（3）その次に、文字のバリエーションを静止画の前に重ね、代替案の文字を使用することで、イメージがどう変わるか、どの文字が静止画のイメージに合っているかについて話し合った。

その結果、ほとんどの学生たちが「剣術」「忍者」などが提示されるセグメントでは「絶対漢字がいい」という意見で、その理由として、「剣術らしい」「日本の伝統だから」「忍者らしいから」という理由をあげた。この「ら

第 7 章　マルチモーダル・コミュニケーション能力と言語教育　　175

画像 1　奈良市観光 PR 動画より

しい」というのは、学生たちの感性の現れであり、彼らの過去のメディア経験に基づくものだと考えられる。本書の第 5 章や、先に引用した国際交流基金の熊野（2011）などの研究からも明らかなように、忍者系、侍系、剣術系のマンガには、武士道を表現するための固有名詞や専門的な漢字語が多用される。特に第 5 章の『BLEACH』などの分析で明らかになったが、漢語をイメージ表現のレトリックとして使用している例が多い。学習者がこのようなメディアに触れることで、日本語で内容を全て理解することは難しいとしても、文字をマンガのイメージリソースとして認識する経験を積むことができ、日本語話者が共有する文字に対する感性のようなものを目覚めさせることができる。この再デザイン活動の結果は、このような仮説を裏付けるものであったと言える。

　中には日本人の視点からは、「奈良」の代わりに「NARA」と、ローマ字になっていてもいいと思える例も、学生たちの視点からは、漢字でなければいけないという意見が出た。また「鹿」に関しては、「しか」という意見が多く、理由は「かわいい」からということであった。「シカ」の方がいいという学生もいたが、動物種はカタカナ表記で書くことが多いという認識ではなく、なんとなく、という理由を挙げていた。『NARUTO』に出てくる人気キャラクターの一人がカタカナ表記の「シカマル」という忍者だからだとい

う学生もいたが、その後「ジョークだ」とコメントしていた。そこで、教師が奈良市観光協会のホームページを開いて、市のゆるキャラである「しかまろくん」のイメージを見せると学生たちは、大喜びで「これは、ぜったいにひらがながいい」という感想であった。これは、学生たちが「ゆるい」イメージのキャラクターを表現するには、ひらがなが最適だという感性を既に持っていることが分かる。また、ホームページに紹介してある「しかまろくんプロフィール」には好物が鹿せんべいと書かれていたが、後に制作したビデオレターで「鹿せんべいをたくさん食べたいです」と「しかまろくん」になりきるセリフを考えた学生もいた。

　このように、学生たちは、自分たちの興味に従って実際の目的を持ったメディアを解釈することで、文字がメディアのメッセージに大きな役割を果たすビジュアルリソースであることを無意識に理解するようになる。また、文字の再デザインを試みることで、学生たちが既に持っている感性に気づくこともできる。この結果から日本語のリテラシー教育に言えることは、文字の書き方を覚えることや読みを覚えることだけに集中していてはマルチモーダルなコミュニケーション能力を育成することができないということだ。実際の目的を持ったメディアを使用してこそ、文字のマルチモーダルな表現力に気づかせることができ、その結果、リテラシー能力も身に付くのである。

7.2.5.　動画制作のためのストーリーボード

　今回のプロジェクトの中で、学生たちは動画を2度制作した。1作目は、動画を見てからすぐのビデオレターで、趣旨は奈良市に動画の感想を伝えることであった。2作目は学期末で、ソウル音楽をはじめとするアメリカ音楽のルーツと言われる自分たちの町が「未だ人々は知らない」奈良と同じで、より有名な観光地の影にひそむ存在であることから、同じくPRビデオを制作して奈良市に送ろうということになった。

　動画制作にあたり、学生たちはストーリーボードを作成するタスクを与え

第7章　マルチモーダル・コミュニケーション能力と言語教育　　177

られた。ストーリーボードは、動画制作の青写真を絵コンテで表現するもの
で、マンガのように、コマの流れでストーリーを表現する。またセリフは、
吹き出しの中に書く。マンガ絵を描くのが趣味だという学習者も多く、言語
能力に制限がある学習者が、動画のブループリントを制作するにあたってビ
ジュアルイメージで表現することができる最適のメディアだという判断で導
入した。

　学生たちは、教師が用意したオンラインのストーリーボードサイトのフォ
ーマットを利用して協働でビデオレターの全体の流れを書き込んだ[4]。両方
のグループが、撮影する際に教室のホワイトボードにかわいい背景画を描い
て、その前にメンバーが立って語りかける設定を考えた。日本人は、かわい
いイメージが好きだからという理由であったが、オーディエンスを意識して
いる様子がうかがえた。

　また一つのグループは、メンバーが同時に同じジェスチャーをすることに
した。最初は、漢字を空で書くモーションをすることが絵コンテに書き込ま
れたが、漢字の画数が多くて、オーディエンスに分かり難いという判断で、
取り消された。その代りに、セリフに合ったジェスチャーをすることになっ
た。たとえば、一人が「奈良道場で剣術の修行をしてみたいです！」と言う
と同時に、全員が剣を振り切るジェスチャーをし、「柳生忍術学院で、忍者
の武器の使い方を習いたいです！」と一人が言うと全員で手裏剣を投げるジ
ェスチャーをすることにしたようだ。その指示もストーリーボードに絵コン
テや「ト書き」で記入された。

　またビデオレターでは、自分の「セリフ」を覚えなければいけないのだが、
吹き出しの中に書かれたセリフには、必要に応じて、文末に声の強弱や勢い
を示す感嘆符も使用させた。また、学生たちも漢字にルビを振ったり、ロー

4　オンラインでストーリーボードが作成できる StoryboadThat のサイト「Digital Storytelling」を
使用した。https://www.storyboardthat.com

マ字表記にしたりして、覚えやすい形を工夫していた。期末に制作したビデオと違い、ビデオレターにはサウンドトラックはなしという決断だった。あまりにも人工的な動画より、一人ひとりが順番にコメントする形のシンプルなデザインがいいと考えたようだ。また、自分たちの時間と能力の問題もあったとコメントしていたが、コミュニケーション活動を実践するにあたって自分たちの今のリソースが把握できている様子がうかがえた。絵コンテでは、発話者のイラストも簡略化されたラフなものであったが、よくニットの帽子をかぶっている学生が帽子を描き加えたりして、自分たちしか使用しないストーリーボードにもかかわらず、仲間との連帯感を盛り上げる工夫が見られた。

　完成したビデオレターは、簡単なものであったが言語にジェスチャー、イラスト、表情、声の調子などマルチモーダルな記号資源を駆使したものになった。ストーリーボードに従って、何度も練習し、数回NGが出されて撮影し直したが、最後にみんなが納得し編集なしのままで、奈良市役所に送った。

　内容的に分析すると、同じ動画を見てのお礼の「ビデオレター」でも、グループによって視点と目的の違いがうかがわれた。メンバーがみんな同時に同じジェスチャーをすると決めた方のグループの作品は、チームワークの良さが目立ち、心から「奈良に行きたい！」というメッセージを発信している。またジェスチャーや表情から動画を提供してくれた日本側への感謝の気持ちが伝わるものだった。

　もう一つのグループは、奈良の観光動画に対する感想を強調したものであった。たとえば「ビデオのスタイルはよかったでした。伝統と音楽が楽しかった。アメリカ人はこれが好きだと思います」や「伝統的な場所がたくさんありましたが、モダンな場所がありますか？ゲームとか買いたいです」「奈良公園の鹿はおとなしそうです。何匹ぐらいいますか？かわいいね」などとコメントしていた。ストーリーボードに記入したセリフとは文法的に少し違う言い方になってしまっていたが、笑顔で相手に話しかけるように言うとい

うト書き通り、自分たちの感謝の気持ちが表現できていた。

7.2.6. 文字表記に見る地元 PR 動画の表現

　本項では、ビデオレター制作活動に続いて学生たちが学期末に完成させた地元 PR 動画の評価分析を行う。学期末に動画を仕上げた後、フィードバックセッションを持って学生たちに制作プロセスやデザイン選択について自己評価させたが、そのコメントも含めて報告する。特に、学生たちが文字をどのような表現として使用していたかに焦点を絞って分析したい。

　グループ１の作品は、「文化の多様性」と「アメリカ音楽の伝統」というコンセプトで制作されている。メンバーがリレー方式で音楽博物館や自然公園などを紹介しているが、ナレーションの説明と動画のイメージに加えて、日本語の字幕スーパーをつけていた。また、ナレーションの言葉にタイミングを合わせて、イメージ写真をワイプさせる工夫も見られた。サウンドトラックは、メンバーの一人がテクノロジーに長けていて、ナレーションの声の邪魔にならない軽快なピアノ演奏のジャズ曲を選んで挿入した。

　字幕の文字はアメリカの街を紹介するということで、固有名詞にはカタカナ表記が多く使用されていた。たとえば、「Rock'n Soul Museum」が「ロックアンドソウルミュージアム」と表記され、「Anime Blues Con」は「アニメブルースコン」と表記されていた。地元のアニメコンベンションなのだが、動画で実際のコンベンションの様子を見せながらの表現であった。

　動物園の紹介で動物の名前が「パンダ」「ホッキョクグマ」「バイソン」などになっていたが、日本では動物種の名前を「ライオン」「キリン」などカタカナ表記にすることが多いからだと報告していた。興味深かったのは「鹿」だけが漢字で表記されていたことだ。その理由として、奈良の PR 動画では、「鹿」が漢字で表記されていたからだとコメントしていた。

　固有名詞や動物名以外にも「ビジター」「シティライフ」「ユニークな」「トップ５にランクイン」「カヌー」「トレイル」「カルチャー」などカタカナ

表記が目立つものになった。ローマ字は一箇所だけで、冒頭の導入部分のあと、メンバーのリレーに切り替わる際に、ナレーターが「Let's Go」と英語で言うのだが、それはローマ字で表記されていた。漢字語は、「動物園」などの内容語に加えて、動画のコンセプトを説明する言葉に多く用いられていた。たとえば「全ての人種」「独自の文化」「音楽の多様性を物語っている」のような表現が見られた。

グループ2の作品のコンセプトは、「本物のアメリカ、ソウルミュージックとソウルフード」であった。またグループ1との大きな違いは、絵文字やピクトグラムをあらゆる場面で取り入れたことと、各セグメントのナレーションとは別に、全体をコメントするトラのアニメキャラクターを作品に導入したことだ。グラフィックアートが得意な学生が制作したアニメのイメージに、別の学生が声を吹き込んだものだが、発話と同時に口が動くアニメキャラクターは、受け取った奈良市役所の方や地元の日本人オーディエンスからも注目が集まった。

動画は字幕なしで、各セグメントの頭に「Bar-B-Que」「EVERYBODY'S ZOO」などの英語のタイトルスライドをローマ字表記で入れ、ピクトグラムでも意味を示した。また、有名な場所の固有名詞は、全てドローンを使って撮影されたと思われる動画を利用し、字幕の代わりに英語で書かれた実物のビルボードなどのビジュアルなイメージで表現していた。文字表記の選択について、学生たちに理由を聞くと特に若い日本人は「Bar-B-Que」や「Park」などの英語表現に馴染んでいて、ローマ字表記の方が、「アメリカン」なイメージを強調できるからという意図的な選択であったことがわかった。これも、オーディエンスを想定し、日本側の視点に立ってのデザイン選択であったことが伺える。またアメリカらしいイメージを多く取り入れ、文字、絵、動画、ナレーションなどのマルチモーダルな表現で、オーディエンスを説得しようとする試みが見られた。

このグループの作品で、特に評価できたポイントは、言語表現に加えてビ

第7章　マルチモーダル・コミュニケーション能力と言語教育　　181

ジュアル表現の工夫があらゆる箇所で観察できたことだ。たとえば、広大な農場の説明に、まず地図を表示し、すぐに上空のハイポジションから写した同じ場所の実写にスイッチするというシネマ手法などが使われていた。そして、各セグメントのナレーションの間に、アニメキャラクターが「お腹がへった〜、ドーナッツを食べに行こう！」「本物のアメリカを一緒に楽しもう！」などとコメントするのだが、説明調のナレーションの間に会話調のユニークなヴォイスを重ね、一つの作品に多重のヴォイスを効果的に導入することができたのは、高く評価できる。

7.2.7.　動画プロジェクトの評価

　学生たちは、プロが制作した観光動画の提供を受け、そこから実際の目的を持ったメディアが展開するマルチモーダルな表現法について学ぶことができた。そして、マンガやアニメ、J-POPなど日本のポピュラーカルチャーに関する自分たちの過去のメディア経験から、漢字をはじめとする日本語の4種の文字が、メディアのメッセージの重要な表現リソースになっていることに改めて気づくことができた。

　注目すべきことは、過去に日本のポピュラーカルチャーに触れた経験から、彼らは日本語話者が共有する文字に対するビジュアルイメージを持ち始めていたことであった。その社会文化的知識を、動画を解釈するという意味構築活動の中で具現化することができた。また、自分たちの視点からの解釈（古都の表記はローマ字ではなく漢字でなければ、「らしく」ない）を受け取ったメッセージに加え、その解釈を、動画制作で表現することができた。グループ1では、日本人の視点にたって「外来語」である現地の固有名詞や、それらを形容する言葉をカタカナ表記で表すことが多かったが、グループ2の方は、日本人の視点に立って英語がクールなもの、アメリカらしい「かっこよさ」を表出できるという理由でローマ字表記を使用した。近年のマンガのタイトルや、J-POPのコードスイッチング、コードの曖昧化にも見られる表現法と

同じような意図の表現選択である。両方のグループは、それぞれ違った視点にたって、日本語の文字の表現力を活用できたが、動画制作という形で過去の学習が具現化されたのは、学習者にとっても今後の日本語学習に対する自信になり、さらに動機も高まり有意義であった。

学生たちは、自分たちのプロジェクトを振り返り、さまざまな反省点をあげていたが、総合的に自分たちが設定した当初の「奈良市の人に自分の街について伝える」という目的が達成できたと満足していた。反省点は、「時間が取れずに練習不足であった」こと、「テクノロジーの問題」、また「期末という忙しい時期に仲間と集まって作業することの難しさ」などを挙げていたが、その問題を解決するために両グループのメンバーの何人かがリーダーシップを発揮し、Google Drive（グーグルドライブ）などを設定し、メンバー全員がオンラインで夜中や週末でも協働作業ができるような環境を作ったのを、高く「自己評価」していた。

しかし、学生たちにとって何より励みになった嬉しい評価は、奈良市の担当職員の方々のコメントであった。一人の担当職員の方からは次のようなメッセージが届いた[5]。

この度は、短編PR動画を2本いただきまして誠にありがとうございます。

正直動画を拝聴するまでは、御地のことを知りませんでした。しかし視聴し始めた途端、直ぐに動画へ吸い込まれました。大通り沿いの色華やかな大きな街灯は、奈良には無いものであり、Theアメリカを感じました。また、アニメやゲームも流行っているようで、日本人として嬉しく思います。後編には、虎が口をパクパクしながら話していたり、のどか

5　これは電子メールとして送られてきたメッセージで、個人や場所が特定できるような表現などは省いた。

な音楽が流れていたりと、見ていて心地よかったです。

こちらが提供しました動画は、プロが制作したものでありインパクト大でございますが、皆さんが制作した動画にはドローンやアナログ感、写真、子ども達、動物などが含まれていることで、こちらも心踊る動画であり、また何より学習されている日本語の字幕や解説が挿入されていることが、一番嬉しかったです。

日本とアメリカの距離は非常に遠い地理ではありますが、前回の動画と今回の動画を受け取った小生の中では、皆さんとの距離は非常に近く感じております。

動画を視聴してくださいました皆さま、動画を制作してくださいました皆さま、本当にありがとうございました。

　このような心温まるメッセージを頂いた学生たちは、自分たちの日本語で、日本とつながり、コミュニケーションを取る力を得たことを実感した。また、彼らにとって日本人の方の反応が何よりの評価であり、グローバル人材としてのアイデンティティを高めることができたように思う。

7.2.8.　まとめと今後の課題

　以上、動画プロジェクトの詳細を検討したが、日本語を学ぶグローバル人材は、日本語話者が共有する文字表記の社会文化的な意味を、自分たちの過去のメディア経験から身につけていることが分かった。特に、剣術系のマンガやビデオゲームに出てくる漢字語は、兵法など古典的文献からの引用や造語も多く難解である。しかし、マンガやビデオゲームは、マンガ絵や、レイアウト、サウンド、オノマトペ、ルビなどを含めたマルチモーダルなデザインを用いて物語を表現し、漢字もそのビジュアル表現の一つとして使用されているので、剣術系のマンガやゲームが好きで、過去に表現としての漢字語に多く遭遇している学生たちは、剣術や忍者体験をPRする観光動画のデザ

イン活動に、その知識を具現化させることができた。ひらがなに関しても同様であった。

　すなわち、過去にマルチモーダルなメディアを通じて文字のさまざまな表現に遭遇した学生たちほど、マルチモーダル・コミュニケーション能力が高くなることが示されたと言える。また、学生たちは、グローバル人材としての視点から漢字語の意味を捉えていることもわかった。この結果は、文字の形態や意味が、違った視点を持った文化と遭遇することで変わっていくことを示している。マルチモーダルな表現リソースとしての日本語の文字は、その成立期から外国語や外国文化との接触を繰り返し現在に至っている。グローバルなオーディエンスを想定した日本のマンガやアニメ、J-POP がかつての和製英語ではなく、オーセンティックな英語表現を使用するようになったのも、外からの視点を持つグローバル人材の存在が大きい。

　グローバル人材のための日本語リテラシー育成の視点から考えると、彼らをサポートする教師や研究者が、SNA が主張する実践共同体のような「つながる学習の場」を提供し、学習者が文字をマルチモーダル・コミュニケーションの記号資源として習得できる実践的な活動を奨励することが大切だと言える。今回の動画プロジェクトでも明らかになったが、日本語学習者たちは日本語の文字の難解さ、特に漢字の難しさに苦しみながらも、自分たちを表現する文字として習得したいと思っている。そんな学生たちをサポートするには、教師やサポーター自身がメディアに使用される文字の表現力を理解し、実際の目的を持った活動や教材を導入していく必要がある。

　今後の課題として、マルチモーダルな教材の選択がある。今回は、奈良市の観光動画のケースを紹介したが、学生たちが自分たちのレベルで取り組めるマルチモーダルな生教材の必要性が明らかになった。観光動画プロジェクトの利点は、日本にメッセージを届けることができることであった。現在、日本では「ゆるキャラ」などを駆使して、外国人観光客への誘致活動や地元経済の活性化を図っている地方が多くあるので、そんな地域の PR メディア

を通して日本の地方自治体と、つながりが生まれる可能性もある。また日本の大学のオープンキャンパス用のPR動画なども増えてきている段階なので、日米の教育機関が協働で「つながる」活動を展開できる可能性も考えられる。

　ポピュラーカルチャーのコンテンツも今後、より多様な形で教室活動に取り入れていくことが望まれる。本章で紹介した国際交流基金の「アニメ・マンガの日本語」のようなeラーニングサイトを利用する活動や、マンガをドラマのシナリオとして書き換え、実演する活動、さらに第6章で紹介したJ-POPやアニソンのリリックビデオを制作する活動などが考えられるが、ポピュラーカルチャーを教室活動に導入する具体的な方法論については、今後、より活発な実践研究が待たれる。

終章　文字とは何か

　本書では、今まであまり理論的研究の対象にされてこなかった日本語の文字が表出するマルチモーダルな意味表現を、ポピュラーカルチャーの作品をデータに使用して検討した。Kress & van Leeuwen（2001）が提唱するマルチモダリティ理論を援用し、日本語にユニークに備わった4種の文字はバーバル記号にビジュアル記号が付随したハイブリッド記号だと主張したが、ポピュラーカルチャーの意味構築に大きな役割を果たしていることが分かった。また、日本語の文字の歴史的経緯を振り返ることで、日本語の文字がそれぞれの時代のニーズや社会を反映し、現代の文字のマルチモーダルな表現力につながっていることが明らかになった。

　西宮（1977）によると、国語学者の亀田次郎は1909年に刊行された『文字論』で、「言語の実質は、声音にあり。文字は、ただ、無形の声音を、有形の標識にあらはしたるものに過ぎず。文字は、無声の言語ともいふべく、又視官に訴ふる言語ともいふべし（407）」と論じていたと述べている。その後、時代を下って、国語学者の橋本進吉が『国語学概論』（1946）において同様に、「文字は言語を表はす記号である。……言語の音声意義を一定の記号で代表せしめて、目に見える形としたものが文字である（408）」と主張した。それに対して、本書の序章でも紹介した山田孝雄は、1935年の『日本文字学概説』において、「文字は思想、観念の記号として一面、言語を代表する」と主張したのであった。西宮は、その後、橋本が山田の「一面、言語を代表する」という主張に、文字は全面的に言語を代表すると反論し「音をあらはせばこそ文字である（409）」と主張したと述べている。

　このように、1935年以降、国語学者によって「文字とは何か」について本質的に考えようとする風潮が起こり、活発な議論が行われていた。本書が

援用したマルチモダリティ理論に照らし合わせて、この議論を考察すると、両者の議論が共に正しいことが理解できる。文字は言語の音を表すバーバル記号であり、過去の経験や思想、観念を視覚的に表すビジュアル記号が融合したハイブリッド記号であるからだ。西宮（1977: 411）は、山田孝雄の文字論を山田俊雄が引き継ぎ、「国語学における文字の研究について」（1955）を始めとする論説で、文字を「素材としての文字」と「作品としての文字」に分類し、さらに、言語学の対象としての「素材としての文字」を、漢字の「字形のみならず、字のあらわす音の性質、字相互の示差機能、字連結の型、字形転移の類型（たとえば書体の転換や、字画の増略、印刷体・筆記体の相互の影響）などの視点から研究すべしだ」と論じたと述べている。この研究実践は、本書で紹介した今野（2009, 2013, 2015, 2017, 2018）の文字の歴史的研究にも見られる。

　山田俊雄が主張した「素材としての文字」は、言語の音を表す記号でありながら、ビジュアル記号の意味が重なり、多様な意味表現を可能にすると言える。そして、日本語の「文字とは何か」という問いに対して、コミュニケーションのマルチモダリティを主張する社会記号論が示唆できるのは、文字とはバーバル記号とビジュアル記号が融合した記号体（sign complex）であるので、言語だけを研究対象にしていては、文字の本質的な機能の解明につながらないということだ。

　文字の分析に、本書がデータに選んだポピュラーカルチャーには、独創的な表現で、規範や既存の表現を変える力がある。その中で文字が果たす役割を考察したわけだが、文字はビジュアル・カルチャーの表現の一つとして、言語使用者のアイデンティティにも深く関わってくることが分かった。たとえば、アーティストが欧米の音楽を日本の音楽に取り入れ、新しい表現を生み出すことで、グローバル時代の日本人としてのアイデンティティを表出することができる（松田 2014）。松田（2016）は、グローバルに活躍するアーティスト、すずしろたまね氏から届いた書簡メッセージの内容を紹介している

終章　文字とは何か　　189

が、その中で、CD ジャケットに記されたアルバムのタイトル「花鳥風月」
という漢語に、ローマ字表記の和語読みを加えた理由として次のような説明
がなされたのを引用している。

　　　hana tori……がローマ字なのは、私は日本の世界観をうたいたい訳でな
　　　く、この世の全てに通ずる普遍的なものを、日本人の私の感覚で、その
　　　切り口からうたうのだから、全て平仮名で表記してしまうと、あまりに
　　　も「日本の世界」に限定されてしまう気がしてローマ字表記を選びまし
　　　た。（日本にある世界観や空気もとても好きなので、漢字とローマ字両方を表記
　　　しています。）（松田 2016: 120）

　この説明からは、プロのアーティストが日本語に備わった文字のハイブリ
ッド性を利用して、自身の意図する世界観を表現しようとする試みが伺える。
　また、日本語の母語話者だけでなく、グローバル人材も日本語の文字を自
分の母語や文化に重ね合わせて、新しいアイデンティティを獲得する記号資
源にすることができる。現在、日本人を親に持つ若者や日系人たちが世界中
に存在し、自分のルーツの継承語の一つである日本語の読み書きができない
ために、ネガティブなイメージを自分に抱く場合がある。そして、日本人の
ルーツを持つ自分を否定してしまうことにも、なりかねない。また、アメリ
カ在住の日本語学習者の中には、メキシコなど南米から移民としてやってき
た親を持つ若者も多いが、日系アメリカ人と同じような経験をしている者が
少なくない。そのため、スペイン語に対する否定的なイメージの反動から
「世界一難解な表記体系」を持つと言われている日本語を、あえて外国語に
選んで勉強するケースが見られる。その彼らが、日本語の文字の表現力を理
解することで自己表現の場を広め、グローバル人材としてのアイデンティテ
ィを高めるに従って、自分たちのルーツの文化であるスペイン語やポルトガ
ル語などにも目を向け、改めてもう一度学ぼうとする姿勢が生まれるケース

もある。

　このように、外国語との接触、多様な文化、個人およびコミュニティのアイデンティティと言語表現の相関関係を、より深く探求するためには、今後の課題として、現在のポピュラーカルチャーだけではなく、時代をさかのぼって各時代の「ポピュラーカルチャー」の文字表記と、その社会的な意味機能も分析していく必要性があると考えられる。同時に、本書で取り上げた文字のマルチモーダルな意味が、日本語の文芸作品やポピュラーカルチャーを、全く違った社会文化的背景を持つ外国語に翻訳する際に、どのような表現にすると「伝わるのか」についても文化によって違うマルチモーダルな表現法を踏まえて研究していく必要性がある（金水 2018）。

　さらに、現代の若者にとって不可欠なマルチモーダル・コミュニケーション能力を、日本語教育や文字教育の中でも育成していく必要性がある。たとえば、日本では近年、就職活動に従来通りの文章だけのエントリーシートの代わりに、動画での自己 PR を要求する企業が多くなってきている。そのため、ニュースなどで、応募する学生たちが苦労して動画を制作する様子が伝えられているが、マルチモーダル・コミュニケーション能力のある学生は、自分について発信する動画の中で、言語コードや敬語など、文体の選択だけでなく、テロップなどの文字使用、写真や動画イメージの挿入、服装やジェスチャー、表情、声の調子、背景の選定、またオーディエンスが求めるメッセージを想定する批判的思考能力なども駆使して、総合的にコミュニケーションをデザインすることで、選ぶ側の企業に好印象を与えることができる。

　日本で就職を希望するグローバル人材にとっても、マルチモーダル・コミュニケーション能力を身につけることで、世界一難解な日本語の表記体系を習得し、それをコミュニケーションに活用できるようになる。第 7 章で、マルチモーダル・コミュニケーション能力を育成する言語教育のアプローチとして、當作（2013）の SNA を検討したが、今後ますます必要性が高まるグローバル人材の育成には、SNA が主張するように、日本語教育、言語学、

終章　文字とは何か　191

日本語学、メディア、芸術など、さまざまな分野の連繋が必要になってくる。

　最後に、本書の研究を通して、将来の日本語の表記体系についても考えさせられることが多くあった。たとえば、J-POP などポピュラーミュージックにおいては、早くからコードスイッチングという形で外国語を原語のまま日本語に取り入れて表記してきた。これは、外国文化を取り入れる中で必然的に起こるストラテジーである。平安時代に日本語が独自のひらがな、カタカナを成立させた経緯を検討したが、それでも漢字使用はなくならなかった。当時のハイカルチャーである中国文化と、それを表現する文字、すなわち漢字は、言語使用者のアイデンティティの表出やコミュニケーションに不可欠な記号資源であったと考えられる。外来語である漢語は漢字で書こうという選択があり、和語にまで漢字を使用した。やがて、ひらがなで表記されていた物語まで漢字で表記されるようになる。

　このように考えると、将来の日本語表記は、欧米文化を表現する文字であるローマ字を、かつての漢字のように取り込んでいくのではないかと思われる。第 6 章で、ローマ字表記の和語が、海外で使用されるようになると意味が変わり、日本語に「逆輸入」されると漢字、ひらがな、カタカナ表記の和語とは意味が違ってくるので、日本語のテキストの中でもローマ字で表記される場合があると述べた。また、ローマ字表記が増えても、漢字はその表意性からビジュアル・カルチャーに長ける日本文化を表現する文字であり続けるだろうし、ひらがな、カタカナも同様に、そのビジュアル性の違いから日本語の多様なヴォイスを表現するのに欠かせない文字として存在し続けるだろう。すなわち、今後も日本語は、複数の文字体系を保ったまま、時代を反映し、マルチモーダルなコミュニケーションのニーズに従って変化していくと思われる。

　また、時代のポピュラーカルチャーは、今後も文字コミュニケーションの形態を変えていく原動力になると考えられる。ビジュアルな表現力を持った文字は、文芸作品やポピュラーカルチャーの詩的表現のみならず、グローバ

ル人材の創造的表現、およびアイデンティティの表出手段にもなりうる。芸術的表現、創造力は人間に与えられた特権だと言える。基本的な伝達機能を超えて、何かを創造し、人々を感動させ、情感に訴え、時代の規範を破っても新しい表現法を追求するのが芸術であり、その表現は国を超えて世界をつなぐ。そして、その表現の一つである日本語の文字のマルチモダリティを分析したことで、本書が今後の文字研究と日本語学、日本語教育の一助になれば幸いである。

参 考 文 献

【日本語文献】

池上嘉彦　1984　『記号論への招待』岩波書店

石黒圭　2007　『よくわかる文章表現の技術5 文体編』明治書院

今井典子　2012　「明治初期における英語カタカナ表記の発音について『密都爾（ミッチェル）氏地理書直譯』の「例言」から」『国際社会文化研究』14:39-55

大坪併治　1977　「片仮名・平仮名」『岩波講座日本語8　文字』大野晋・柴田武編，249-299，岩波書店

大野晋　1977　「仮名づかいの歴史」『岩波講座日本語8　文字』大野晋・柴田武編，301-339，岩波書店

岡田寿彦　2003　「ルビと漢字」『朝倉漢字講座3　現代の漢字』前田富祺・野村雅昭編，159-178，朝倉書店

岡本能里子　2008　「日本語のビジュアル・グラマーを読み解く：新聞のスポーツ紙面のレイアウト分析を通して」『メディアとことば3』岡本能里子・佐藤彰・竹野谷みゆき編，26-55，ひつじ書房

岡本能里子　2013　「コミュニケーション能力を超える「能力」とは：マルチリテラシーズにおけるデザイン概念から考える」『コミュニケーション能力の諸相「変移・共創・身体化」』片岡邦好・池田佳子編，373-397，ひつじ書房

奥泉香（編）　2015　『メディア・リテラシーの教育：理論と実践の歩み』渓水社

小野正弘　2009　『オノマトペがあるから日本語は楽しい：擬音語・擬態語の豊かな世界』平凡社

茅島篤（編著）　2012　『日本語表記の新地平：漢字の未来・ローマ字の可能性』くろしお出版

Kawazi, Yuka　2018　「土岐善麿がローマ字短歌に託したもの　今日的可能性を視野に入れて」『Rômazi no Nippon』670，11-12，（公財）日本のローマ字社

金水敏　2003　『ヴァーチャル日本語　役割語の謎』岩波書店

金水敏（編）　2007　『役割語研究の地平』　くろしお出版

金水敏（編）　2011　『役割語研究の展開』　くろしお出版

金水敏　2018　「小説における仮名の一用法と翻訳：村上春樹作品を例に」『ことばと文字』10（秋号），83-89

日下部文夫　1977　「日本のローマ字」『岩波講座日本語8 文字』大野晋・柴田武編

341-383, 岩波書店

窪田空穂　2018　『古今和歌集』やまとうた e ブックス　［キンドル版］amazon.com

熊谷由理　2011　「クリティカル・リテラシーの育成に向けて：カタカナ・プロジェクト実践概要」『社会参加をめざす日本語教育　社会に関わる、つながる、働きかける』佐藤慎司・熊谷由理編，3-18, ひつじ書房

熊谷由理・佐藤慎司　2011　「批判的考察力・ことばの創造的使用の育成をめざして：今後のカタカナ・プロジェクトへの提案」『社会参加をめざす日本語教育　社会に関わる、つながる、働きかける』佐藤慎司・熊谷由理編，59-72, ひつじ書房

熊野七絵　2010　「日本語学習者とアニメ・マンガ：聞き取り調査結果から見える現状とニーズ」『広島大学留学生センター紀要』20, 89-103

熊野七絵　2011　「アニメ・マンガの日本語—ジャンル用語の特徴をめぐって」『広島大学国際センター紀要』2011（1），35-49

熊野七絵・川嶋恵子　2011　「アニメ・マンガの日本語：ジャンル漢字の特徴をめぐって」『広島大学留学生教育』15,17-31

栗田穣崇　2017　「絵文字はどのようにして生まれ，世界に広がっていったのか」『電子情報通信学会　通信ソサイエティマガジン』11（3），199-207

小林章　2013　『まちモジ　日本の看板広告はなぜ丸ゴシックが多いのか？』グラフィック社

小松英雄　2004　『みそひと文字の抒情詩　古今和歌集の和歌表現を解きほぐす』笠間書院

小矢野哲夫　2003　「マンガにおける漢字のルビの機能」『朝倉漢字講座3　現代の漢字』前田富祺・野村雅昭編，33-47，朝倉書店

今野真二　2009　『振仮名の歴史』集英社

今野真二　2013　『正書法のない日本語』岩波書店

今野真二　2015　『戦国の日本語』河出ブックス　河出書房新社

今野真二　2017　『漢字とカタカナとひらがな　日本語表記の歴史』平凡社新書　平凡社

今野真二　2018　「漢字の字体と書体」『ことばと文字』10, 23-31

斉藤みか　2012　「『竹取物語』の虚構性」『ICU 比較文化』44, 1-30

佐竹秀雄　1995　「若者ことばとレトリック」『日本語学』14, 11月号，53-60

佐竹秀雄・佐竹久仁子　2005　『ことばの表記の教科書　日本語を知る・磨く』ベレ出版

定延利之　2007　「キャラクタは文法をどこまで変えるか？」『役割語研究の地平』
　　金水敏編，27-48，くろしお出版

佐藤慎司・熊谷由理（編）　2011　『社会参加をめざす日本語教育　社会に関わる、
　　つながる、働きかける』ひつじ書房

清水啓一郎　2007　「みんなシルクロードにいるみたい　広告表現と外来語」『言語』
　　36，6月号，46-51

田中ゆかり　2011　『「方言コスプレ」の時代』岩波書店

ドーア根理子　2011　「「カタカナは外国語の借用語を書く時に使う」と教えること
　　についての一考察」『社会参加をめざす日本語教育　社会に関わる、つながる、
　　働きかける』佐藤慎司・熊谷由理編，19-41，ひつじ書房

當作靖彦　2013　『Nippon3.0の処方箋』講談社

當作靖彦・中野佳代子　2012　『外国語学習のめやす　高等学校の中国語と韓国語教
　　育からの提言』公益財団法人国際文化フォーラム

夏目房之介　1999　『マンガの力　成熟する戦後マンガ』晶文社

西宮一民　1977　「文字研究の歴史（1）」『岩波講座　日本語8　文字』大野晋・柴
　　田武編，385-417，岩波書店

バーン・アンドリュー（著）・奥泉香（編訳），石田喜美，田島知之，松田結貴，水澤
　　祐美子，村井明日香，森本洋介，和田正人（訳）　2017　『参加型文化の時代に
　　おけるメディア・リテラシー　言葉・映像・文化の学習』くろしお出版

橋本進吉　1946　『國語學概論』橋本進吉博士著作集　岩波書店

林史典　1977　「日本における漢字」『岩波講座日本語8　文字』大野晋・柴田武編
　　159-208，岩波書店

深井美由紀・佐藤慎司　2011　「ペダゴジーのポリティクスと学習者の能動性、創造
　　性：カタカナ・プロジェクト分析」『社会参加をめざす日本語教育　社会に関わ
　　る、つながる、働きかける』佐藤慎司・熊谷由理編，43-58，ひつじ書房

松田結貴　2014　「メディアの文法　ヴォイスとアイデンティティの構築：英語圏の
　　日本語学習者の視点から」『ことばと文字』1，28-37

松田結貴　2014　「メディアに埋め込まれる文化的アイデンティティ：音楽タイトル
　　におけるローマ字表記についての考察」『ことばと文字』2，127-136

松田結貴　2016　「SNS世代の女性シンガーが歌うJポップと英語へのコードスイッ
　　チングの機能」『ことばと文字』5，116-126

村田菜穂子・前川武　2012　「『邦訳　日葡辞書』の形容詞」『国際研究論叢：大阪国際
　　大学紀要』26（1），157-168

村崎修三　2015　『乙女のふろく　明治・大正・昭和の少女雑誌』青幻舎

メイナード、泉子・K. 1997　『談話分析の可能性　理論・方法・日本語の表現性』くろしお出版

メイナード、泉子・K. 2000　『情意の言語学「場交渉論」と日本語表現のパトス』くろしお出版

メイナード、泉子・K. 2004　『談話言語学　日本語のディスコースを創造する構成・レトリック・ストラテジーの研究』くろしお出版

メイナード、泉子・K. 2005　『日本語教育の現場で使える談話表現ハンドブック』くろしお出版

メイナード、泉子・K. 2008　『マルチジャンル談話論　間ジャンル性と意味の創造』くろしお出版

メイナード、泉子・K. 2012　『ライトノベル表現論　会話・創造・遊びのディスコースの考察』明治書院

メイナード、泉子・K. 2014　『ケータイ小説語考　私語りの会話体文章を探る』明治書院

メイナード、泉子・K. 2017　『話者の言語哲学　日本語文化を彩るバリエーションとキャラクター』くろしお出版

屋名池誠　2003　『横書き登場　日本語表記の近代』岩波書店

山口仲美　2006　『日本語の歴史』岩波書店

山田孝雄　2009　『日本文字の歴史』山田国語学入門選書　書肆心水

レイブ・ジーン＆ウェンガー・エティエシヌ（著）　佐伯胖（訳）　1993　『状況に埋め込まれた学習：正統的周辺参加』産業図書

【英語文献】

Bakhtin, M. M. and Caryl Emerson. 1984. *Problems of Dostoevsky's Poetics* [Theory and History of Literature, Vol. 8] Minneapolis: University of Minnesota Press.

Barthes, Roland. 1977. *Image, Music, Text*. New York: Hill and Wang.

Bezemer, Jeff and Gunther Kress. 2016. *Multimodality, Learning and Communication*. London; New York: Routledge.

Blom, Jan Petter & Gumperz, John, J. 1972. Social Meaning in Linguistic Structures: Code-Switching in Norway.In *Directions in Sociolinguistics*, edited by J.J. Gumperz and D. Hymes, 407-434. New York: Holt, Rinehart and Winston.

Burke, Kenneth. 1950. *A Rhetoric of Motives*. University of California Press.

参 考 文 献   197

Burn, Andrew. 2009. *Making New Media: Creative Production and Digital Literacies.* New York: Peter Lang.

Freire, Paulo. 1970. *Pedagogy of the Oppressed.* New York: Herder & Herder.

Freire, Paulo and Macedo, Donaldo. 1987. *Literacy: Reading the Word and the World.* South-Hadley, Mass: Bergin & Garvey Publishers.

Gee, James Paul. 1990. *Social Linguistics and Literacies: Ideology in Discourses.* London ; New York: Falmer Press.

Gumperz, John J. 1982. *Discourse Strategies.* Cambridge University Press.

Halliday, M. A. K. 1985. *An Introduction to Functional Grammar*, London: Edward Arnold.

Hodge, Bob and Gunther Kress. 1988. *Social Semiotics.* Ithaca, N.Y: Cornell Univ. Press.

Hosokawa, Shuhei. 1999. "Salsa no Tiene Frontera" Orqesta De La Luz and the Globalization of Popular Music. *Cultural Studies* 13 (3): 509-534.

Ito, Kinko. 2008. Manga in Japanese History. In *Japanese Visual Culture*, edited by MacWilliams, Mark W., 26-47. Routledge.

Jakobson, Roman. 1960. Closing Statement: Linguistics and Poetics. In *Style in Language*, edited by Thomas Sebeok, 350-377. The Massachusetts Institute of Technology.

Jewitt, Carey and Gunther Kress (Eds). 2003. *Multimodal Literacy.* New York: Peter Lang.

Kramsch, Claire. 1989. Socialization and Literacy in a Foreign Language: Learning through Interaction. *Theory into Practice* 26 (4) : 243-250.

Kress, Gunther. 2010. *Multimodality : A Social Semiotic Approach to Contemporary Communication.* London; New York: Routledge.

Kress, Gunther. and Theo van Leeuwen. 2001. *Multimodal Discourse: The Modes and Media of Contemporary Communication.* London; New York: Arnold; Oxford University Press.

Kress, Gunther. and Theo van Leeuwen. 1996. *Reading Images: The Grammar of Visual Design.* London; New York: Routledge.

Kristeva, Julia. 1980. *Desire in Language.* New York: Columbia Univ. Press.

Lave, Jean and Etienne Wenger. 1991. *Situated Learning.* Cambridge: Cambridge Univ. Press.

Lee, Jamie S. 2004. Linguistic Hybridization in K-Pop: Discourse of Self-Assertion and Resistance. *World Englishes* 23 (3): 429-450.

Loveday, Leo. 1996. *Language Contact in Japan: A Socio-Linguistic History.* Oxford: Clarendon.

McLuhan, Marshall. 1964. *Understanding Media.* The MIT Press.

Mehrabian, Albert. 1981. *Silent Messages: Implicit Communication of Emotions and Attitudes.* Belmont, Calif.: Wadsworth Pub. Co.

Moody, Andrew. 2001. J-Pop English: Or, how to Write a Japanese Pop Song. *Gengo Komyunikeeshon Kenkyuu* 1: 96-107.

Moody, Andrew. 2006. English in Japanese Popular Culture and J-Pop Music. *World Englishes* 25 (2) : 209-222.

Moody, Andrew & Matsumoto, Yuko. 2003. "Don't Touch My Moustache": Language Blending and Code Ambiguation by Two J-Pop Artists. *Asian Englishes* 6 (1) : 4-33.

New London Group. 2000. *Multiliteracies: Literacy Learning and the Design of Social Futures.* edited by Bill Cope and Mary Kalantzis, London; New York: Routledge.

Pratha, Nimish K., Avunjian, Natalie, & Cohn, Neil. 2016. Pow, Punch, Pika, and Chu: The Structure of Sound Effects in Genres of American Comics and Japanese Manga." *Multimodal Communication* 5 (2) : 93-109.

Schodt, Frederik L. 2012. *Manga! Manga! The World of Japanese Comics.* 2nd ed. Tokyo; New York: Kodansha International; Distributed in the U.S. by Kodansha International/USA through Harper & Row.

Stanlaw, James. 2000. Open Your File, Open Your Mind: Women, English, and Changing Roles and Voices in Japanese Pop Music. In *Japan Pop! Inside the World of Japanese Popular Culture*, edited by Timothy Craig, 75-100. M.E. Sharpe.

Stanlaw, James. 2004. *Japanese English: Language and Culture Contact.* Hong Kong: Hong Kong University Press.

Stöckl, Hartmut. 2004. In between Modes: Language and Image in Printed Media. In *Perspectives on Multimodality*, edited by E. Ventola, C. Charles and M. Kaltenbacher, 9-30. Amsterdam: Benjamins.

Walker, John A. and Sarah Chaplin. 1997. *Visual Culture: An Introduction.* Manchester UP.

Wilkerson, Kyoko T. &. Wilkerson, Douglas. 2000. The Gloss as Poetics: Transcending the Didactic. *Visible Language* 34 (3): 228-263.

Yano, Christine Reiko. 2002. *Tears of Longing: Nostalgia and the Nation in Japanese Popular Song*. Cambridge: Harvard East Asia Center. Harvard University Press.

Yano, Christine Reiko. 2013. *Pink Globalization: Hello Kitty's Trek Across the Pacific*. Durham: Duke University Press.

使用データ

マンガ

大場つぐみ・小畑健	2009	『BAKUMAN』第 1 巻　集英社
久保帯人	2007	『BLEACH』第 27 巻　集英社
許斐剛	2010	『新テニスの王子様』第 2 巻　集英社
竹内友	2013	『ボールルームへようこそ』第 5 巻　講談社
竹内友	2014	『ボールルームへようこそ』第 6 巻　講談社
竹内友	2014	『ボールルームへようこそ』第 7 巻　講談社
武論尊・原哲夫	1989	『北斗の拳』第 27 巻　集英社

小説・文芸

石川啄木	1912	『悲しき玩具』東雲堂
熊井明子	2006	『私の部屋のポプリ』河出書房新社
黒田夏子	2013	『ａｂさんご』文藝春秋
俵万智	1989	『サラダ記念日』河出文庫
土岐善麿	1910	『NAKIWARAI』ローマ字ひろめ会
村上龍	1988	『村上龍料理小説集』集英社

音楽

いきものがかり	2009	『YELL/ じょいふる』ERJ
EXILE	2007	『道』エイベックス・マーケティング
藤巻亮太	2004	『3 月 9 日』SPEEDSTAR RECORDS
FLOWER FLOWER	2018	『スポットライト』SMR
サザンオールスターズ	1979	『いとしのエリー』Invitation
松任谷由実	1994	『春よ、来い』東芝 EMI

ゲーム

コーエーテクモゲームス	2004	『遥かなる時空の中で3』
コーエーテクモゲームス	2014	『金色のコルダ3 Another Sky feat. 天音学園』

その他

小林章	2013	『まちモジ：日本の看板文字はなぜ丸ゴシックが多いのか？』グラフィック社
NHK	2018	『歴史秘話ヒストリア　戦国ラストサムライ絶対曲げない水野勝成』

あ　と　が　き

　本書は、筆者がアメリカで出会った多くの日本語学習者の素朴な疑問に答える試みがきっかけであった。「どうして日本語は4種の文字を使い続けるのか」という疑問だが、日本語母語話者でも、なかなか即答できるものではない。思えば、日本語は、奈良時代末期から平安時代にかけて、中国語の文字である漢字から、ひらがな・カタカナを成立させたのだが、それでも漢字はなくならなかった。そのかわりに、漢字と仮名を組み合わせて文を綴る方法を創造した。また、ひらがな・カタカナは同じ日本語の音を表すのにも関わらず、現在に至るまで別々の文字体系を保って使用されてきた。学生たちに、「それでは日本語は漢字をなくした方がいいと思うか」「日本語の文字はひらがなだけにすればいいと思うか」と聞くと答えはいつも「ノー」である。しかし、漢字が得意かと聞くと「ノー」。それでは、漢字が好きか、と聞くと「イエス」なのである。この学生たちの矛盾した意見も、長年の疑問であった。

　また、学生たちが、日本のポピュラーカルチャーに夢中になり、日本語に没頭する姿を見て、ポピュラーカルチャーの日本語の何がそんなに魅力的なのかを探求したくなった。長年、日本語の研究と日本語教育に携わる大学教員としての二足のダンスシューズを履いてきたが、それがどちらも欠かせない大事な役割であると教えてくれたのも、学生たちだった。筆者が現在教えている州立大学がある地域は、貧富の差が大きく、フルタイムで仕事をしながら大学に通っている学生も多い。飛行機に乗ったことがない学生もかなりいる。そんな彼らが日本語に出会うことで、自分たちの新しいアイデンティティを発見し、今まで想像もできなかった日本への留学や就職を実現させ、文化の架け橋となって人間的にも大きく成長していってくれるのが見られる

のは、本当に感慨深いものである。ここに改めて、この本のトピックを選ぶきっかけと、筆者の研究、教育へのインスピレーションを与えてくれた全ての学生たちに感謝の意を表したい。

また、今日に至るまで、筆者は多くのよき教育者や研究者に巡り会い、多大な恩恵を受けてきた。ここにそれらの方々全てのお名前を挙げるのは敵わないので、まず恩師であるDonaldo Macedo先生と傍士元先生を特記して、厚く御礼申し上げたい。本書の内容にかぎっても、岡本能里子先生、奥泉香先生、茅島篤先生、金水敏先生、今野真二先生、當作靖彦先生、浜田盛男先生をはじめ多くの方にご教示を仰いだ。ここに記して感謝の気持ちを伝えたい。また、本書の出版に当たっては、風間書房社長の風間敬子氏に格別のご配慮を賜った。この場を借りて深く感謝の意を表したい。

最後になるが、遠い日本よりいつも温かく見守り励ましてくれていた両親に本書を捧げる。

2019年5月　風薫る日に

テネシー州メンフィスにて

松 田 結 貴

人名索引

あ行

アリストテレス　9
池上嘉彦　9
石川啄木　140, 141
石黒圭　56
今井典子　50
大坪併治　38, 42
大野晋　49
岡田寿彦　91, 92, 93
岡本能里子　62, 66, 159, 160, 174
奥泉香　161

か行

川嶋恵子　8, 163, 164
茅島篤　47, 139
紀貫之　37, 39, 41
金水敏　5, 8, 77, 78, 81, 82, 83, 124,
　　162, 190
日下部文夫　47
熊谷由理　25, 158, 160
熊野七絵　8, 162, 163, 164, 175
栗田穰崇　16, 17, 20
黒田夏子　99
桑田佳祐　144, 145, 146
許斐剛　114
小林章　68
小松英雄　35, 38
小矢野哲夫　107, 112, 119
今野真二　35, 42, 44, 45, 46, 47, 50, 67,
　　88, 89, 96, 97, 188

さ行

斉藤みか　40, 41
佐竹秀雄　13, 56, 90
佐竹久仁子　13, 90
定延利之　81
佐藤慎司　25, 158, 160

清水啓一郎　61

た行

田中ゆかり　78
俵万智　141
手塚治虫　17, 101, 102, 108
ドーア根理子　25
當作靖彦　5, 156, 190
土岐善麿　139, 140

な行

中野佳代子　156
夏目漱石　15, 86, 97
夏目房之介　17, 53, 94, 101, 104, 106
西宮一民　187, 188

は行

バーン、アンドリュー　98, 158
橋本進吉　187
林史典　44
深井美由紀　158
福沢諭吉　50, 51

ま行

前川武　47
松田結貴　61, 144, 188, 189
松任谷由実　129
村上龍　92, 93
村崎修三　102
村田菜穂子　47
メイナード、泉子・K.　5, 8, 9, 10, 13,
　　52, 53, 56, 58, 59, 60, 61, 66, 77,
　　78, 79, 80, 82, 114, 129, 165
本居宣長　9

や行

屋名池誠　29, 30

山口仲美　33
山田俊雄　67, 188
山田孝雄　2, 53, 187, 188

A

Avunjian, Natalie　105,

B

Bakhtin, M. M.　5, 20, 77, 78, 91, 93,
　　113, 123
Barthes, Roland　59
Bezemer, Jeff　153
Blom, Jan Petter　143
Burke, Kenneth　61
Burn, Andrew　76, 98, 158, 162

C

Chaplin, Sarah　1
Cohn, Neil　105

F

Fahlman, Scott　16
Freire, Paulo　154, 160

G

Gee, James Paul　23, 158, 160
Gumperz, John J.　143

H

Halliday　72
Hodge, Bob　23, 58, 63
Hosokawa, Shuhei　145

I

Ishiguro, Kazuo　11
Ito, Kinko　101, 102

J

Jakobson, Roman　8, 9, 89
Jewitt, Carey　155, 156

K

Kawazi, Yuka　139, 140
Kramsch, Claire　158
Kress, Gunther　23, 58, 59, 62, 63, 64,
　　66, 71, 72, 73, 75, 76, 77, 83, 153,
　　154, 155, 156, 159, 187
Kristeva, Julia　39, 113, 129

L

Lave, Jean　154
Lee, Jamie S.　143
Loveday, Leo　144

M

Macedo, Donaldo　160
Matsumoto, Yoko　143, 145
McLuhan, Marshall　100, 161
Mehrabian, Albert　20
Moody, Andrew　8, 142, 144, 145, 146

P

Pratha, Nimish K.　105

S

Schodt, Frederik L.　17, 102, 103, 106,
　　108, 113, 137
Stanlaw, James　8, 144
Stöckl, Hartmut　58, 60, 65, 134

V

van Leeuwen, Theo　23, 58, 59, 62, 63,
　　64, 66, 71, 72, 73, 77, 83, 159, 187

W

Walker, John A.　1
Wenger, Etienne　154
Wilkerson, Douglas　89
Wilkerson, Kyoko T.　89

Y

Yano, Christine Reiko　11, 68, 144

事項索引

あ行

アイデンティティ　2, 12, 52, 62, 112, 113, 123, 125, 143, 144, 145, 149, 155, 183, 188, 189, 191, 192

一貫性　23, 67, 71, 72, 135

ヴァーチャル日本語　81

ヴォイス（定義）　20, 77

ヴォイス（多重の）　5, 18, 20, 21, 39, 40, 76, 77, 78, 79, 80, 81, 82, 83, 91, 92, 93, 94, 96, 98, 99, 112, 119, 120, 122, 123, 124, 125, 133, 137, 141, 144, 146, 147, 158, 181, 191

絵文字　1, 15, 16, 17, 18, 20, 80, 101, 108, 166, 180

エモーティコン　16

オーディエンス（定義）　9, 24

乙女ゲーム　19, 102

オノマトペ　104, 105, 106, 108, 110, 114, 117, 118, 119, 183

女手　38

か行

外来語（表記）　4, 13, 14, 25, 27, 28, 29, 46, 48, 51, 52, 69, 82, 107, 113, 121, 122, 124, 125, 143, 158, 181, 191

『風の谷のナウシカ』　11

活字イメージ　58, 59, 60, 128, 134

仮名文学　1, 40, 59

『ガラスの仮面』　10

感嘆符　22, 55, 90, 140, 165, 177

間テキスト性　39, 113, 129, 139

漢語　13, 15, 23, 24, 34, 38, 40, 43, 44, 48, 70, 85, 87, 88, 96, 107, 108, 110, 112, 115, 118, 119, 125, 149, 151, 160, 165, 172, 175, 189, 191

漢文訓読　41, 42, 44, 45, 47, 88

記号（バーバル）　5, 58, 60, 65, 72, 76, 83, 84, 98, 101, 105, 119, 155, 187, 188

記号（ビジュアル）　5, 8, 17, 18, 20, 51, 58, 60, 63, 65, 66, 67, 76, 80, 83, 84, 98, 101, 103, 105, 108, 110, 114, 117, 165, 174, 187, 188

記号資源　41, 73, 75, 85, 87, 93, 95, 119, 122, 125, 147, 155, 178, 184, 189, 191

記号体（sign complex）　64

キャラ（を被る）　78, 82

キャラクター　7, 11, 14, 18, 19, 21, 31, 39, 41, 51, 52, 76, 77, 78, 79, 81, 82, 83, 93, 94, 95, 102, 106, 109, 111, 114, 116, 118, 119, 120, 122, 123, 124, 175, 176, 180, 181

旧片仮名表記　49, 52

虚構（物語）　11, 38, 39, 41, 46

キリシタン文献　46, 47, 49

『紅天女』　10

グローバル人材　3, 5, 24, 25, 29, 30, 31, 153, 158, 160, 161, 162, 166, 172, 183, 184, 189, 190

軍記物語　45

結束性　23, 71, 136

『源氏物語』　9, 11, 38, 40, 45, 98

コードスイッチング　5, 8, 142, 143, 144, 146, 181, 191

公文書　12, 27, 29, 34, 41, 42, 88

『古今和歌集』　36, 37, 39

『今昔物語』　45

さ行

視覚詩　102, 137

詩学　8, 9, 46

字形　43, 66, 72, 188

字体　15, 66
実践共同体　154, 157, 184
詩的機能　9, 89
社会記号論　3, 5, 23, 40, 53, 56, 58, 63,
　　90, 188
修辞学的アプローチ　75, 76
状況的学習　154
少女マンガ　8, 10, 19, 98, 102, 103,
　　105, 106, 137, 163
少年マンガ　51, 93, 102, 105, 106, 107,
　　108, 111, 112, 113, 114, 120, 121,
　　124, 163
常用漢字　26, 27, 28, 129, 131, 134,
　　136
書記コミュニケーション　20, 23, 25,
　　55, 67, 85, 156
書字方向　29, 30, 31, 66
書体　15, 31, 66, 67, 68, 69, 70, 72, 98,
　　117, 118, 138, 174, 188
真名（しんのな）　38
ストーリー・マンガ　101, 102, 103,
　　104, 106, 165
正統的周辺参加　154
総合的コミュニケーション能力　156
ソーシャル・ネットワーキング・アプロ
　　ーチ（SNA）　5, 156, 157, 158,
　　166, 184, 190
卒業ソング　5, 128, 129, 130, 131, 134,
　　135, 136, 139, 142, 147, 149
ソフトセル広告　61

た行

対人コミュニケーション　16, 20, 55,
　　64, 147
大日本帝国憲法　33
『竹取物語』　12, 40, 41
多言語性　78
ダッシュ記号　80, 140, 141
短歌　35, 36, 139, 140
聴覚情報　20, 21, 55

貯蓄型教育　154
デジタル・コミュニケーション　16,
　　17, 18, 80
『（新）テニスの王子様』　86, 114, 115,
　　116, 117, 118, 163
『土佐日記』　39, 40, 41

な行

『NARUTO』　112, 124, 163, 173, 175
日本国憲法　12, 33, 34, 42
『日本書紀』　44, 104

は行

『BAKUMAN』　120
ハイカルチャー　10, 12, 191
発話キャラクタ　81, 82
パトス　9
『巴里のアメリカ人』　14, 15
ハローキティ　11, 105
ピクトグラム　16, 17, 95, 180
ビジュアル・カルチャー　1, 8, 16, 17,
　　21, 35, 36, 38, 101, 102, 103, 104,
　　127, 188, 191
ビジュアル情報　2, 4, 10, 15, 18, 20,
　　21, 22, 43, 55, 59, 62, 68, 69, 76,
　　95, 112
表記体系　4, 5, 26, 27, 30, 55, 162, 189,
　　190
ブラタモリ　10, 90
『BLEACH』　82, 106, 108, 109, 111,
　　112, 113, 175
振仮名　42, 44, 45, 49, 50, 85, 86, 88,
　　89, 90, 96
『平家物語』　45
『ボールルームへようこそ』　51, 93, 94,
　　121, 122, 123, 125
ポストモダン　8, 10, 11
ポピュラーカルチャー　1, 2, 3, 7, 8, 9,
　　10, 11, 12, 18, 21, 25, 27, 37, 40,
　　41, 52, 78, 81, 86, 130, 150, 153,

162, 165, 166, 170, 181, 185, 187, 188, 190, 191

ポリフォニー　5, 20, 77, 89, 91, 92, 121, 122, 123

ま行

マルチモーダル・コミュニケーション能力　153, 184, 190

マルチモダリティ理論　4, 58, 63, 64, 65, 66, 72, 74, 75, 76, 77, 83, 155, 159, 188

丸文字　68, 138

漫符　17, 101

万葉仮名　14, 35, 42, 67

メディア・リテラシー　156, 161

メラビアンの法則　18, 20

モード　24, 25, 63, 64, 65, 66, 70, 72, 73, 75, 159

文字体系（日本語）　3, 8, 11, 13, 15, 25, 33, 47, 153, 191

ものづくり　149, 150

もののあわれ　5, 9, 128, 135, 142, 162

や行

役割語　8, 78, 81, 82, 83, 124, 162

ゆるキャラ　11, 21, 68, 176, 184

ら行

ライティング　24, 25, 64, 72, 77

リリックビデオ　5, 127, 134, 137, 139, 140, 169, 185

ルビ　5, 15, 78, 85, 86, 87, 89, 90, 91, 93, 94, 95, 96, 98, 99, 106, 107, 108, 109, 110, 112, 113, 118, 119, 120, 122, 123, 124, 125, 131, 133, 134, 165, 167, 168, 177, 183

レイアウト　10, 23, 24, 25, 30, 31, 59, 63, 64, 65, 66, 71, 72, 100, 104, 105, 157, 174, 183

ローマ字（定義）　46, 47

ローマ字　5, 11, 15, 27, 28, 46, 47, 48, 56, 57, 60, 61, 62, 63, 65, 66, 70, 85, 103, 105, 112, 113, 118, 128, 130, 131, 137, 138, 139, 140, 141, 142, 143, 146, 148, 149, 150, 151, 175, 180, 189, 191

わ行

和歌　12, 13, 35, 36, 37, 38, 39, 41, 42, 46, 52, 59, 88, 128, 130

和漢混淆文　43, 45

B

banking concept of education　154

C

Communities of Practice　154

G

graphic resources　72

H

heteroglossia　78

I

Intertextuality　113, 129

J

J-POP　2, 5, 13, 96, 128, 130, 134, 137, 141, 142, 143, 144, 145, 146, 147, 148, 149, 151, 166, 181, 184, 191

J-ROCK　5, 128, 142, 147

K

kawaii　11, 138, 151

L

legitimate peripheral participation　154

lyric video　5, 127, 137

M

material 66
meaning-making 76
multi-voicedness 20, 77

N

New London Group 159

P

picture poems 102, 137
provenance 67

R

rhetorical approach (communication) 76

S

semiotic resource 73, 75,
sign complex 64, 72, 188
Situated Learning 154

T

typographic image 58, 60, 134

U

Uta-Net 130

著者紹介

松田　結貴　（まつだ　ゆき）

大阪府に生まれる。
南カリフォルニア大学大学院（言語学専攻）博士課程修了。
学位：言語学博士 Ph.D.（The University of Southern California）。
現職：米国テネシー州立メンフィス大学　外国言語・文学学科　准教授
日本語プログラム主任。
専門領域：日本語教育・言語学・日本語学。
本著内容に関する主論文（英文・和文）と翻訳：「少年マンガに見る『表現
としての振仮名』と日本語表記のマルチモダリティ」（『ことばと文字』10、
2018年）。Expressing Ambivalent Identities through Popular Music: Socio-
Cultural Analysis of Japanese Writing Systems（*Southeast Review of Asian
Studies*, Vol.39, 2017）．翻訳：著者 Burn, Andrew.『参加型文化の時代にお
けるメディア・リテラシー：言葉・映像・文化の学習』（共訳、くろしお出
版、2017年）、ほか多数。
主な社会・教育活動：米国 ETS（Education Testing Service）・カレッジボ
ード、AP 日本語開発委員会初代委員。

ポピュラーカルチャーの詩学
―日本語の文字に秘められたマルチモダリティ―

2019年5月15日　初版第1刷発行

著　者　　松　田　結　貴

発行者　　風　間　敬　子

発行所　　株式会社風　間　書　房
〒101-0051　東京都千代田区神田神保町1-34
電話 03（3291）5729　FAX 03（3291）5757
振替 00110-5-1853

印刷・製本　中央精版印刷

©2019　Yuki Matsuda　　　　　　　　NDC分類：810
ISBN978-4-7599-2285-1　　Printed in Japan

JCOPY 〈㈳出版者著作権管理機構 委託出版物〉
本書の無断複製は，著作権法上での例外を除き禁じられています。複製され
る場合はそのつど事前に㈳出版者著作権管理機構（電話 03-5244-5088,
FAX 03-5244-5089, e-mail: info@jcopy.or.jp）の許諾を得て下さい。